KB129797

취준생
에서

CEO
까지!

취준생에서 CEO까지!

초판 1쇄 발행 2016년 4월 1일

지 은 이 양형남
발 행 인 권선복
편집주간 김정웅
디 자 인 최새롬
마 케 팅 정희철
전 자 책 신미경
인쇄·제본 천일문화사
발 행 처 도서출판 행복에너지
출판등록 제315-2011-000035호
주   소 (07679) 서울특별시 강서구 화곡로 232
전   화 0505-613-6133
팩   스 0303-0799-1560
홈페이지 www.happybook.or.kr
이 메 일 ksbdata@daum.net

값 15,000원
ISBN   979-11-5602-359-3   03190

Copyright ⓒ 양형남, 2016

* 이 책은 저작권법에 따라 보호받는 저작물이므로 무단전재와 무단복제를 금지하며, 이 책의 내용을 전부 또는 일부를 이용하시려면 반드시 저작권자와 〈도서출판 행복에너지〉의 서면 동의를 받아야 합니다.

취준생
에서

......

CEO
까지!

양형남 지음

도서
출판 행복에너지

꿈, 희망, 미래…
'성공'을 위한 키워드!

日新又日新(일신우일신).

누군가 에듀윌의 성공비결을 묻는다면 나는 이렇게 답하겠다.

"1992년 창립 이래 지금까지 늘 성장곡선만 그려 온 에듀윌이지만 나를 비롯해 우리 에듀윌 직원들은 모두가 지극히 평범하다. 그럼에도 에듀윌이 대한민국 교육기업 중 최고가 될 수 있었던 까닭은 지금까지 '일신우일신' 해 왔고 또 앞으로도 그럴 것이기 때문이다."

지금은 종합교육기업으로서 평생교육업계를 주도하는 기업이 되었지만, 에듀윌의 첫출발은 참으로 초라했다. 직원은 두 명이 전부였고 수강생은 네댓에 불과했다. 통신판매로 수험서도 팔았지만 첫해에는 매출이 거의 없었다. 그 후에도 수많은 어려움이 뒤따랐다.

하지만 이러한 시행착오들을 사업을 배우기 위한 값비싼 수업료라 여기며 사업기반을 안정적으로 다지기 위해 노력했다.

그 결과 2002년 에듀윌의 퀀텀점프가 시작됐다. 온라인 환경에 맞춰 발 빠르게 대응했던 것이 드디어 열매를 맺기 시작한 것이다. 상담센터로 문의전화가 쇄도하고 그와 함께 매출이 수직으로 뛰어올랐다. 그때의 희열은 지금도 잊을 수가 없다.

그 후 에듀윌은 국내 최초 최대 규모의 Full HD 이러닝 전용 스튜디오 오픈, 온오프라인 통합교육 시스템 구축, 양질의 무료교육 제공을 위한 지식발전소 오픈 등 실로 괄목할 만한 성장을 이루었다. 이 모든 것은 결국 수많은 난관에 부닥치면서도 좌절하지 않고 마음을 다지며 새로운 도전을 멈추지 않았기 때문이라고 생각한다.

이 책은 『전자신문』에 기고했던 〈양형남의 에듀Will-be〉 칼럼을 재구성하여 엮은 것이다. 성공하려면 어떻게 해야 한다고 한마디로 꼭 집어 말하기는 쉽지 않다. 다만 내 지난날의 경험에 비추어 볼 때 정상을 향해 하나씩 계단을 밟아 오르며 끊임없이 스스로를 혁신하는 것이 곧 성공으로 가는 지름길이라 믿기에 이렇게 구성해 보았다.

이 책은 이제 막 사회생활을 시작하려는 취업준비생부터 신입사원, 중간관리자, CEO에 이르기까지 각자의 자리에서 다음 단계로 나아가고 한층 더 성장하기 위해 꼭 알아두어야 할 성공 키워드를 담고 있다. 사회생활이나 직장생활에서 누구나 한 번쯤 겪어 보았을 사례들을 통해 함께 공감하며 성공의 노하우를 익혀가다 보면 정상이 바로 눈앞에 있다는 것을 깨달을 수 있을 것이다.

나는 과거의 내 모습보다 현재의 내 모습을 더 사랑한다. 현재의 나는 과거의 나보다 분명 성장해 있고 앞으로도 계속 성장해 갈 것을 믿기 때문이다. 이 책이 정상을 향해 달려가는 여러분에게 윤활유 같은 역할을 할 수 있기를 기원한다.

양형남

목차

·

·

PART 1
준비와 도전 : 세상이 원하는 인재가 되라!

Part 1

준비와 도전

세상이 원하는 인재가 되라!

> "
> 첫 단추를 잘못 끼우면
> 마지막 단추를 끼울 구멍이 없어진다.
> – 괴테
> "

직업,
인생을 디자인하다

•

•

스웨덴은 '요람에서 무덤까지' 전 국민에게 모든 복지 문제를 보장해 주기로 유명한 나라이다. 몸이 아파서 병원에 가야 할 때 진료비가 없으면 정부가 대신 지불해 준다. 아기가 태어날 때도 정부가 입원비를 지불해 주고, 산모와 아기의 양육비까지도 보조해 준다. 또 소득이 최저 생활수준을 유지하지 못할 정도이면 정부가 그 차액을 보조해 준다.

어떤가? 이 정도면 천국이라고 할 수 있지 않을까? 어찌 생각하면 그런 혜택을 받고 사는 스웨덴 사람들이야말로 이 지구상에서 제일 행복한 사람들이라고 생각할 수도 있을 것이다. 그러나 자세히 들여다보면 꼭 그렇지만도 않다. 이 나라는 서구 여러 나라 중에서도 청소년 범죄 증가율, 마약중독자 증가율, 이혼 증가율이 높은 편에 속한다. 노동자들의 경우는 어떠할까? 믿기 힘들겠지만 이 안정적으로 보이는 나라에서 퇴직자들의 자살률 또한 높다.

진정한 안정은 누군가에 의해 도움을 받는 것이 아니라 '일' 속에서 이루어지는 것이기 때문이다. 그것은 결코 다른 사람이 제공해 줄 수 없다.

그렇다면 직업을 어떻게 선택해야 할까? 수많은 기술자를 고용하여 기업을 성공적으로 이끌고 있는 한 중소기업의 사장에게 신문기자가 "성공할 수 있는 청년과 그렇지 못한 청년을 어떻게 구별하느냐" 고 묻자 그는 이렇게 대답했다고 한다.

"나는 단순히 돈 벌 목적으로 일하는 사람을 원치 않습니다. 일 자체를 즐기는 사람을 좋아하지요. 자기 일을 즐기며 새로운 것에 도전하는 사람은 결코 퇴보하지 않습니다. 그런 사람은 더욱 향상되는 법이지요. 일이란 종업원을 태운 모터와도 같습니다. 그 모터의 성능을 보다 향상시키려고 노력하는 사람은 모터의 움직임에 따라 더욱 발전할 것이고, 현재의 모터 상태로 만족하는 사람은 항상 그 자리에 머물 수밖에 없습니다."

이 말을 바꾸어 생각해 보면, '사람은 인생의 건축기사로서 자기 일에 온 정력을 기울이지 않으면 안 된다'라는 뜻으로 해석할 수 있다. 그럼 이처럼 온 정력을 기울여 자신의 발전을 가져오려면 직업을 어떻게 선택해야 할까?

첫째, 자신의 적성에 맞는 직업을 구해야 한다.

적성에 맞지 않으면 우선 일에 대해 흥미를 느낄 수가 없다. 그리고 일에 흥미가 없으면 직장의 발전은 물론 자신의 발전에도 도움이 되지 않는다. 게다가 적성에 맞지 않는 곳에서는 원대한 꿈을 가질 수가 없다.

둘째, 가장 자신 있고 재미있는 일을 직업으로 삼아야 한다.

나에게 있어서 가장 즐겁고 좋은 일, 가장 잘하는 일, 자꾸만 하고 싶은 일, 그 일만 하고 있으면 다른 모든 잡념이 사라지는 일이 무엇인지 찾아보자. 이런 일을 직업으로 갖고 있는 사람이야말로 참으로 행복한 사람이며, 인생에서 이미 반은 성공한 사람이라고 할 수 있다. 당신에게 있어서 그러한 것은 무엇인가? 가능한 한 그것을 빨리 발견하고 그것을 향해 남보다 빨리 시작하는 자가 남보다 먼저 성공할 수 있다.

셋째, 그 직업을 갖게 되었을 때 미래의 내 모습이 어떻게 변해 있는지를 그려 보는 것이 좋다.

앞으로 5년, 또는 10년 후 자신이 어떤 모습으로 변해 있을지를 마음속으로 그려 보자. 그 모습이 자신이 진정으로 원하는 모습이 아니라면 자신의 직업으로서 적합하다고 할 수 없다.

목표가 분명할수록
성공에 가까워진다

인생의 목표가 있을 때 비로소 사람은 자기의 정력과 상상력, 결단력과 집중력에 불이 붙게 되어 어느 한 방향으로 힘차게 뻗어나갈 수 있다. 개인이건 기업이건 국가이건 간에 분명한 목표와 전략이 있을 때 비로소 크고 작은 노력들이 빛을 발하게 된다. 목표물인 과녁 없이는 명궁수가 탄생할 수 없다. 목표물인 과녁을 조준하여 정중앙을 화살로 꿰뚫었을 때 비로소 명궁수가 탄생한다.

따라서 목표를 세우고 그 목표를 분명히 하자. 글로 기록하고 도표로 그려 보자. 그렇게 목표를 잠재의식 속에 불어넣고 반드시 이루어질 것이라고 확신하자. 그러한 믿음을 마음속으로 자꾸 반복하여 생각하고 입으로도 반복하여 말해 보자. 그러한 과정에서 자신도 모르는 사이에 그 목표가 잠재의식 속에 새겨지고 스스로가 그것을 믿게 된다. 그러면 그 목표 쪽으로 마음과 행동이 이끌리고 있음을 깨닫게 될 것이다.

그렇다면 목표를 설정하는 데 있어서 염두에 두어야 할 점들은 무엇일까?

첫째, 자신의 현재 위치를 파악하자.

목표를 세울 때는 먼저 자신의 현재 위치를 알아야 한다. 그래야만 자신에게 알맞은 목표를 세울 수 있고, 그 목표를 향해 출발할 수 있는 지점을 발견할 수 있다. 이는, 세계에서 가장 완벽한 지도를 가지고 있다 해도 자신의 현재 위치를 모른다면 어느 곳에도 갈 수 없는 것과 같다. 따라서 목표를 세우기 전에 자신에 대한 철두철미한 조사와 분석이 있어야 한다.

둘째, 실현 가능성이 있는 목표를 세우자.

목표가 자신의 능력에 비해 터무니없이 커서 그것을 달성하지 못하게 될 경우, 그로 인한 좌절감은 더 이상 어떠한 노력도 기울이지 못하게 되는 심각한 결과를 낳을 수 있다. 그러므로 목표를 크게 갖되 달성 가능한 범위 내에서 설정하는 것이 바람직하다. 또 막연한 행운을 바라며 세운 목표는 부정적인 결과를 초래하게 된다. 성공한 사람들은 목표를 확실히 하였고, 재능을 충분히 활용했으며, 헌신과 노력을 게을리하지 않았음을 명심하기 바란다.

셋째, 목표는 구체적으로 세우자.

목표를 세울 때에는 구체적이고 세밀하게 세워야 한다. 예컨대, 단순히 '멋지고 큰 집'이라기보다는 좀 더 자세히 하나하나를 따져 봐야 한다. 집의 위치와 크기, 모양, 색상 등은 어떠해야 하며, 방의 넓이는 어떠해야 할지 등 여러 가지 생각을 구체적으로 써 보는 것이 좋다. 그러고 나서 간단한 설계도까지 그려 보는 것이다. 구체적인 목표는 구체적인 결과를 가져온다. 그렇지 않고 목표가 막연한 것이라면 없는 것이나 다를 바 없다. 따라서 목표는 구체적이고 시야에 들어오는 것이어야 한다.

넷째, 장·단기적인 목표를 세우자.

꿈을 성공적으로 이루기 위해서는 10년 내지 20년 후를 겨냥한 장기적인 목표가 있어야 하며, 동시에 앞으로 한 시간, 하루, 일주일을 성공적으로 관리할 단기적인 목표도 세움으로써 장·단기적 목표가 조화를 이루도록 해야 한다.

목표를 달성하려면 끊임없는 노력이 필요하다. 일례로 훌륭한 역도선수가 되려면 날마다 근육을 강화시키고 부단한 노력을 아끼지 말아야 한다. 또 질적으로 풍부한 삶을 사는 것이 목적이라면 하루하루를 부지런하고 성실하게 살아야 한다. 우리가 처한 환경이나 여건이 변화되고 개선되기를 원한다면 우리는 날마다 우리 자신을 변화시키고 개선해야만 한다.

하루하루의 성취는 미래의 삶을 더욱 풍요롭게 하기 위해 한 층 한

층 쌓아 가는 벽돌과도 같다. 목표를 정해 두고 하루에 한 층씩 차근
차근 쌓아 올리다 보면 어느새 그 목표에 도달해 있는 자신을 발견하
게 될 것이다.

이처럼 일단 목표를 치밀하게 세워 놓으면 자신의 잠재능력을 충분
히 발휘하게 되어 있어서 그렇지 않았을 때보다 훨씬 많은 일을 하게
되고 그에 따른 보상도 뒤따르게 된다.

맥스웰 말츠는 인간은 기능상으로 자전거와도 같다고 했다. 목표
를 향해 올라가거나 앞으로 나아가지 않는다면 인간은 뒤로 밀려나거
나 넘어지기 마련이다. 목표를 세운다는 건 실천력 있는 자의 끊임없
는 활동 그 자체이다.

정공법으로
승리하는 사람이 되자

•

•

　자격증이나 공무원 시험이 끝나고 나면 관련 교육기관을 통해 시험 총평과 수험 대책이 올라온다. 그런데 각기 다른 시험이지만 수험 대책을 읽다 보면 공통점을 발견할 수 있다. 바로 기초부터 차근차근 공부해 나가면서 실력을 다져 놓는 정공법을 써야 고득점을 얻을 수 있다는 것이다. 이번 시험에서 특정 분야의 문제가 다수 출제되었다고 해서 다음에도 그럴 것이라고 생각하여 기초 다지기를 소홀히 한다면 실제 시험에서 어려움을 겪을 수 있다고 당부하고 싶다.

　시험뿐만이 아니라 세상의 모든 일이 다 그러한 것이 아닐까 싶다. 좀 더 많은 성과를 얻기 위해 또는 빨리 처리하기 위해 사람들은 그 상황에 적절히 반영할 수 있는 노하우나 전략을 찾는다. 하지만 그러한 전략이 제대로 그 빛을 발휘하기 위해서는 기본에 충실해야 한다

는 것을, 그리고 원칙을 지켜 나가며 한 단계씩 밟아 나가는 것이야
말로 진정으로 얻고자 하는 것을 얻을 수 있는 길이라는 걸 사람들
은 잊고 있을 때가 많다.

예를 들어 어학시험의 경우, 시험 출제가 많이 되는 부분만을 집중
적으로 학습해 고득점을 얻었다고 해도 기본적인 어학실력이 제대로
갖춰져 있지 않으면 실력을 제대로 발휘할 수가 없다. 오히려 "시험
고득점자가 어학실력이 그게 뭐야?" 하며 타박을 받게 될 수도 있다.

정공법으로 풀어서 풀지 못할 일은 없다. 지금 하고 있는 일에 나
는 과연 정공법으로 대응하고 있는지 한번 되돌아보자.

대기업과 중소기업,
당신의 선택은?

대기업 공채 시즌 때마다 취업준비생들의 구직 열의는 그 어느 때보다도 뜨거워진다. 공채 시즌에 취업의 기쁨을 누리지 못한다면 눈높이를 낮춰 중소기업에 도전장을 내밀거나 다음 공채 시즌을 기약해야 하기 때문이다.

장기화된 취업난 속에 취업 눈높이를 낮춰 중소기업으로 눈을 돌리라는 목소리는 높지만 취업준비생들은 여전히 대기업에 대한 미련을 쉽게 버리지 못하고 있는 것이 현실이다. 대기업에 입사하기 위해 1년 더 취업을 준비하는 '취업재수생'이란 말도 이제는 더 이상 낯설지 않다.

필자는 취업준비생들로부터 그들의 진로와 관련해 상담 요청을 받을 때가 가끔 있다. 그럴 때마다 취업과 관련한 취업준비생들의 고민은 제각기 달랐지만, 취업하길 원하는 기업을 묻는 질문에는 대부분 누구나 들으면 알 만한 대기업을 원하고 있었다. 대기업을 선호하는 이유는 굳이 설명하지 않더라도 잘 알 것이다. 그렇다면 과연 중소기업보다 대기업에 취업하는 것이 무조건 나은 선택이라고 말할 수 있을까? 그에 대한 대답은 저마다 다를 수밖에 없기 때문에 단정 지어 말하기는 어렵다. 예를 들어, 눈높이를 낮춰 중소기업에 취업했는데 몇 년 후 대기업에 막 입사한 친구와 자신의 연봉 수준이 같다는 것을 알았다면 '이래서 사람들이 취업재수라도 해서 대기업에 취업하려고 하는구나' 하며 아쉬워할 수도 있을 것이다. 그러나 이와는 반대로 가까스로 대기업에 취업했는데 중소기업에서 대리나 과장이 되어 자리를 잡은 친구를 본다면 '대기업만 고집하지 말고 빨리 취업을 했더라면 지금쯤 나도 회사에서 인정받는 안정적 위치에 올랐을 텐데' 하며 후회하게 될지도 모른다. 또 그토록 원하던 대기업에 입사를 했지만 기업문화에 적응을 하지 못해 퇴사를 하게 되는 경우도 어렵지 않게 찾아볼 수 있다.

어떤 선택을 하든지 그것은 앞으로 사회생활을 해 나갈 자신의 몫이다. 다양한 선택의 갈림길에서 단순히 대기업과 중소기업으로 선을 그어 진로를 선택하는 것은 스스로 가능성을 한정해 버리는 일이 될 수도 있으므로 좀 더 넓은 시각에서 자신의 인생을 설계해 볼 필요가 있다.

'스펙'은
없다

·
·

    예전에만 해도 구직활동은 대학 졸업을 앞두고 채용계획이 있는 기업을 찾아 입사지원서를 작성하면 되는 것으로 인식되었지만 지금은 다르다. 스펙이 중시되면서 대학 1학년 때부터 학점이나 어학 점수, 아르바이트 경력 등 이른바 뛰어난 구직조건들을 갖추기 위해 공을 들여야 하는 시대가 된 것이다. 좀 더 경쟁력 있는 스펙을 만들기 위해 휴학하거나 졸업을 미루는 것은 이제 선택이 아닌 필수가 되어 가고 있다.

    이러한 분위기 속에 경쟁력 있는 스펙을 갖추지는 못했지만 당당하게 대기업에 입사한 신입사원들의 취업성공기가 종종 인터뷰 기사로 게재되는 것을 보는 건 흥미로운 일이다. 스펙이 중시되고 있다 보니 스펙 없이 합격의 기쁨을 누리게 된 이들이 주목을 받는 것은 당연한 결과라 하겠다.

홀륭한 스펙을 갖추지는 못했지만 원하는 기업에 입사지원서를 넣어 합격한 이들의 이야기들을 살펴보면 한 가지 공통점이 있다. 바로 일찌감치 자신의 진로를 잡아 스펙과는 다른 특별함을 쌓아 갔다는 점이다. 각종 공모전에 도전해 입상함으로써 자신이 갖고 있는 능력을 입증해 보인 지원자도 있고, 직접 쇼핑몰을 운영하면서 느꼈던 점을 입사 후 어떻게 반영할 것인가를 이야기한 지원자, 해외 자원봉사를 통해 어학 실력을 쌓고 인턴활동으로 실무경험을 쌓았던 지원자 등 이들은 자신만의 색깔을 드러내며 우수 인재가 될 수 있음을 보여주고 있다.

요즘에는 학력이나 연령, 전공 등에 제한을 두지 않는 이른바 열린 채용이 확산되어 가고 있는 추세다. 하지만 대학 도서관에서는 여전히 좋은 스펙을 만들기 위해 수많은 취업준비생들이 밤낮없이 공부에 매진하고 있다. 기업들은 창의력이나 열정, 자신감이 스펙보다 중요하다고 이야기하지만 날이 갈수록 좁아지는 취업문을 뚫기 위한 취업준비생들의 스펙 높이기 경쟁은 여전히 뜨겁기만 하다.

채용문화가 변화하고 있는 것처럼 취업에 대처하는 취업준비생들의 자세도 이제는 변화가 필요하다. 지나치게 스펙에만 얽매이지 말고 '준비된 인재'로서 자신의 특별함은 무엇인가를 생각해 보자.

경력 공백,
더 큰 도약을 준비하라

•

•

공인중개사나 직업상담사 등 전문 자격증을 준비하는 수험생들 중에는 경력 공백 때문에 재취업 등 사회활동이 쉽지 않아 자격증으로 눈을 돌린 경우를 쉽게 찾아볼 수 있다. 더 나은 직장으로의 이직을 위해 또는 창업이나 고시준비, 육아 등의 이유로 직장을 그만두었다가 다시금 취업을 하려고 할 때 가장 큰 걸림돌이 되는 것이 바로 경력 공백이다. IMF 이후 경력직 선호현상이 심화되면서 경력 공백이 있는 지원자를 꺼려하기 때문이다.

그렇다 보니 경력 공백이 생겼을 경우 이를 입사지원하려는 기업에 어떻게 전달할지 몰라 어려움을 겪을 때가 많다. 경력 공백을 최소화할 수 있는 가장 좋은 방법은 꾸준한 경력관리다. 몇 년 전 육아 문제로 직장을 그만두고 3년간 전업주부로 지냈던 30대 여성이 엄청난 경쟁률을 뚫고 쇼핑호스트로 선발되어 주목을 받은 적이 있다. 이 여성의 경쟁력은 전업주부가 된 후에도 소홀히 하지 않았던 경력관리였다. 통역가이드로 활동한 경력을 토대로 틈틈이 프리랜서 번역 일을 해 왔고, 쇼핑호스트가 되겠다고 결심한 후에는 방송 아카데미의 쇼핑호스트 과정을 3개월씩 두 차례나 수강했다. 서류와 면접전형에서 이러한 그녀의 노력은 차별화된 경쟁력이 되었고 결국 쟁쟁한 경쟁자들 사이에서 입사의 기쁨을 누릴 수 있었다.

입사지원 시에 눈을 낮추는 것도 중요하다. 경력 공백을 만회하기가 쉽지 않을 수 있다는 생각은 하지만 연봉 수준은 최소한 예전에 받던 만큼은 받아야 한다고 말하는 경우가 적지 않다. 그러한 입사지원자를 긍정적으로 평가할 회사는 많지 않다. 경력 공백이 있는 만큼 눈을 낮춰 입사지원을 한다면 다시금 일할 수 있는 기회가 그만큼 넓어질 것이다.

그렇다고 무작정 눈을 낮춰 일할 곳을 찾는 것 역시 주의해야 한다. 경력 공백이 생기면 자신도 모르게 위축되는 경향이 있는데, 경력 공백 기간 동안의 생활에 대해 자부심을 가질 필요가 있다. 그 시간을 얼마나 값지게 보냈는가를 스스로 인정할 수 있어야 면접에서도 당당하게 자신의 이야기를 할 수 있기 때문이다. 경력 공백 기간 동안 자신이 얻은 것은 무엇인지 그리고 재취업에 성공하기 위해 자신의 목표를 어떻게 설정해야 하며, 어떤 대안들을 마련해야 하는가를 생각해 보는 시간을 가져보자.

취업재수,
전략적으로 접근하라

·
·

    취업난이 장기화되면서 취업재수는 더 이상 낯선 풍경이 아니다. 첫 단추를 잘 끼워야 한다는 생각에 원하는 기업에 취업하지 못했을 경우 눈높이를 낮춰 취업을 하기보다는 내년 공채를 기약하는 취업 준비생들도 적잖이 늘고 있다.

    하지만 생각만큼 쉽지 않은 것이 또한 취업재수다. 자신의 실력을 잘 갈고닦아서 다음에는 꼭 취업에 성공하고야 말겠다는 마음가짐으로 도전을 하지만 모든 것을 스스로의 힘으로 해결해 나가야 하기에 쉽게 나태해질 수도 있기 때문이다. 취업재수가 앞으로 해 나갈 직장 생활에 탄탄한 밑거름이 되었다고 말하기 위해서는 자신만의 전략적인 계획과 접근이 필요하다.

가장 먼저 해야 할 것은 자신이 왜 취업재수를 하고자 하는지에 대해 진지하게 고민하고 뚜렷한 목표를 설정하는 일이다. 단지 운이 나빴다는 생각이 들어서라든지, 또는 주위 친구들은 모두 알 만한 기업에 입사했는데 나는 그렇지 못해서라든지, 내년에는 공채 규모를 늘린다고 하니 지금보다는 상황이 나을 것 같아서 등과 같이 다분히 감정적이고 막연한 생각으로 취업재수를 결정할 경우 어영부영 시간만 보내다가 다시 구직활동을 하게 될 확률이 높다. 취업재수를 하고자 하는 데 반드시 입사하고 싶은 직무 분야나 기업을 구체적으로 결정하기가 어렵다면 취업재수보다는 눈높이를 낮춰 사회경험을 해보는 것이 더 나은 선택이 될 수 있다.

구체적인 목표를 설정했다면 자신이 왜 입사에 성공하지 못하고 실패했는가에 대한 원인을 꼼꼼하게 따져 보도록 한다. 이렇게 원인을 분석하다 보면 자신이 어느 부분을 보완해야 하는지, 그리고 어떤 실수를 하지 않도록 조심해야 하는지를 자연스럽게 터득할 수 있기 때문이다. 아울러 취업재수 기간 동안 아르바이트나 자격증 취득, 어학 점수 향상 등 입사 경쟁력을 갖추기 위한 노력을 어떻게 해 나갈지에 대한 체계적인 계획을 세우는 것도 중요하다.

또한 취업재수의 성공을 위해 가장 중요한 것은 자신감을 잃지 않는 것이다. 실패를 맛보고 나서 도전하는 것이기 때문에 심리적 부담이 상대적으로 클 수밖에 없지만 이 보 전진을 위한 일 보 후퇴라고 생각하며 마음의 여유를 잃지 않도록 하자.

취업의 최종 관문,
면접 시 주의사항

취업의 당락을 결정하는 면접 매너

취업에 있어 면접의 중요성은 매우 크다. 하지만 면접 매너에 대해 제대로 알고 있는 사람은 그리 많지 않은 것 같다. "그냥 최선을 다해 열심히 보면 되는 것이 아닌가요?" 하고 말하는 사람도 있을 것이다.

대부분 면접을 볼 때 옷차림에는 신경을 많이 쓰지만 표정이나 목소리에는 그만큼 신경을 쓰지 못하는 경우가 많다. 미소는 지원자의 인상에 긍정적인 영향을 주므로 중요하다고 볼 수 있지만 너무 환하게 웃을 경우 오히려 부담감을 줄 수 있다. 목소리 역시 지원자의 이미지를 결정짓는 중요한 요소다. 작은 목소리는 자신감이 없어 보일 수 있으며, '솔' 음으로 보통 속도보다 약간 빠른 속도로 말하면 경쾌하고 적극적인 느낌을 줄 수 있다.

너무 긴장한 나머지 계속해서 손을 만지작거린다거나 시선을 이리 저리 옮기는 경우도 어렵지 않게 찾아볼 수 있다. 이럴 경우 면접 답변이 아무리 좋아도 감점을 받을 수 있기 때문에 긴장이 되더라도 면접을 볼 때는 면접관을 똑바로 바라보며 진지하게 듣고 있다는 표정을 짓는 것이 필요하다.

면접을 보고 나서 예의를 갖추겠다는 생각으로 면접관에게 "수고하셨습니다"라고 인사하는 경우도 있는데, 그보다는 "면접 볼 수 있는 기회를 주셔서 감사합니다" 정도로 인사를 하는 것이 좋다.

면접 시에 질문을 잘해야 하는 이유

취업의 당락을 결정짓는 면접 시간, 다섯 명의 입사지원자들이 나란히 앉아서 면접관의 질문에 답을 한다. 마무리가 될 때쯤 면접관이 입사지원자들에게 "질문 사항 있나요?" 하고 말하자 한 지원자가 "네, 있습니다. ○○서비스 분야에서는 경쟁사들이 각기 경쟁력이 될 만한 전략을 내세워 마케팅을 펼치고 있는데요. ○○기업에서는 이에 대응해 어떤 전략을 갖고 있는지 궁금합니다" 하며 질문을 했다. 질문을 받은 면접관은 "우리 기업은 경쟁사들과 차별화하여 △△전략을 펼치고 있고, 올해 안에 성과를 낼 수 있을 것이라고 봅니다"라고 답하며 질문을 한 지원자를 다시 한번 살펴본다. 그 후 그 지원자는 합격의 기쁨을 얻을 수 있었다. 그러한 질문이 기업에 대한 관심과 열정을 담고 있다고 평가받아 좋은 점수를 받았기 때문이다.

모르는 것이나 궁금한 것이 있을 때 우리는 질문을 한다. 그런데 상당수 사람들이 질문에 소극적이다. '질문을 했는데 그런 것도 모르냐며 무안을 주면 어쩌지?' '괜한 질문으로 어색한 분위기를 만드는 것은 아닐까?' '물어봐도 잘 모를 거야' 등 질문을 꺼려 하는 이유도 다양하다. 하지만 경쟁력 있는 인재가 되기 위해서는 질문을 잘하는 것도 중요하다.

그렇다면 어떻게 해야 질문을 질문답게 잘할 수 있을까? 먼저 질문의 목적을 생각하고 그에 맞게 정리하는 과정이 필요하다. 질문은 정보를 얻기 위해서만 쓰이는 것이 아니라 주목도를 높이기 위해, 또는 자신의 의견에 공감을 얻어내기 위해 쓰이기도 한다. 또한 아무리 질문을 열심히 해도 상대가 이를 제대로 이해하지 못한다면 아무런 쓸모가 없다는 점에서 질문의 핵심을 잘 전달하는 것이 중요하다. 따라서 질문은 짧고 간결한 것이 좋으며 구체적이어야 한다. 질문을 할 때 너무 많은 생각을 하다 보면 질문 자체가 어렵게 느껴질 수 있으므로 시간을 끌며 생각하는 것 또한 좋지 않다.

면접 때 하기 쉬운 실수

면접 때 하기 쉬운 실수는 면접 대기시간에 일어난다. 짧게는 몇 분에서 길게는 몇 십 분을 기다릴 때도 있는데, 이 부분도 평가에 들어간다. 취업과 관련된 설문조사에서 인사담당자의 70% 이상이 "면접 대기 중의 행동도 면접에 영향을 준다"고 응답했는데, 면접관은 면접 대기시간 동안의 면접자 모습까지 주시할 때가 있다. 실제로 면접 대기시간 동안 핸드폰으로 누군가와 계속해서 문자를 주고받는 지원자가 있었는데 얼마나 열중했던지 면접에 들어오라는 안내도 제대로 알아듣지 못할 정도였다. 가볍게 지나칠 수 있는 일이라고 생각할 수도 있겠지만 진지하지 못한 첫인상을 준 그 지원자는 면접에서 좋은 점수를 받지 못했다.

면접관의 질문에 대해 잘 대답하지 못했다고 생각했을 때 감정조절을 못해 이후에 계속해서 어두운 표정을 짓거나 대답을 제대로 하지 못하는 지원자들도 있다. 면접을 아무리 많이 본 사람이라 할지라도 면접을 볼 때는 긴장되고 불안할 수밖에 없다. 또한 질문에 대해 100% 완벽한 답을 하는 면접자 역시 거의 찾아보기가 어렵다. 그러므로 한 번 대답을 제대로 하지 못했다고 해서 낙심할 필요는 없다. 최선을 다해 면접관의 질문에 대답을 했다는 모습을 보일 수 있다면 그것으로 충분하다. 끝까지 흔들리지 않는 모습을 보일 수 있도록 노력해야 할 것이다.

면접을 보러 가기 전에 자신이 맡게 될 직무나 혹은 기업의 기본정보를 미리 파악해 두는 것은 기본이다. 기업과 관련된 질문을 했을 때 솔직함이 최고라는 생각에 "실은 잘 모르겠다"고 말하는 면접자들도 있는데, 이러한 경우 솔직함이 능사가 될 수는 없다. 적어도 이 기업에 입사하기 위해 어떤 노력을 했는가를 보일 수 있어야 한다. 입사지원한 기업의 홈페이지를 한번 방문해 보는 것만으로도 이 부분은 충분히 해결될 수 있다.

이러한 점들을 유의하며 면접에 대비한다면 자신의 기대치보다 훨씬 더 만족할 만한 면접을 볼 수 있을 것이다.

절실한 욕망은
성공을 낳는다

마음속에 무엇인가 강렬히 하고 싶은 일이 있다면 그것을 추구하도록 하자. 그토록 하고 싶은 일이 있음에도 자신감이 없어서 그 일을 포기한다면 그것은 자신의 인생 가운데 가장 중요한 부분을 잘라 버리는 것과 같다. 수많은 '어른'들이 "그때 그걸 했더라면…"이라며 한숨을 짓고 지난날에 대해 후회하는 모습을 자주 보게 된다. 어느 정도 사회에서 성공을 거둔 사람들도 마음을 터놓고 이야기하다 보면 놀랄 만큼 많은 후회를 마음에 품고 살아간다. 그 한가운데에는 갖은 이유로 포기할 수밖에 없었던 열망에 대한 아쉬움이 있다. 하물며 하고 싶은 것을 한 가지도 제대로 해 본 적 없는 사람에게 성공은 얼마나 먼 곳에 있는 단어인가.

그렇기에 인생의 실패자란 진실로 하고 싶었던 일을 하지 못한 사람이다. 자기가 하고 싶은 일에 전력을 기울일 때 비로소 마음의 평화도 정신의 만족도 얻어지게 된다. 그 일을 실행에 옮기다 보면 때론 벅차게 느껴질 수도 있고, 일의 전망에 대해 불안한 마음이 생길 수도 있다. 그러나 절대로 그런 것 때문에 주저해서는 안 된다. 물론 인간이기 때문에 약간의 두려움은 있을 수 있겠지만, 그렇다고 해서 그토록 자신이 강렬히 원하는 일을 단념해 버리면 또 다른 일에 대해서도 열정을 기대할 수가 없다.

그리고 그 일을 계속 진행하면서 나머지 곤란한 부분도 처리할 수 있도록 힘을 길러 나가자. 물론 이처럼 온몸을 내던져 부딪쳐 나가려면 용기와 담력이 필요하다. 얼마 동안은 불안한 마음도 들 것이다. 그러나 용기를 갖고 앞으로 나아가다 보면 그런 마음은 저절로 사라지고 '나도 할 수 있다'는 자신감이 생겨날 것이다.

인간의 욕망은 평범이라는 미지근한 물을 뜨겁게 가열하여 성공이라는 증기로 바꾸어 주는 역할을 한다. 다시 말해 평범한 능력을 가진 사람이 자기보다 훨씬 뛰어난 능력을 가지고 있는 사람들과의 경쟁에서 성공할 수 있도록 해준다. 60~70℃의 물은 우리가 커피를 타 마시기에 알맞은 온도이다. 그런데 거기에 뜨겁게 열을 가하면 그 뜨거운 물이 기관차를 움직이고 증기선을 운항하게 하는 증기로 변한다.

이처럼 욕망은 하고자 하는 일에 대해 자신의 능력을 최대한 발휘하게 해준다. 또한 최고 속도를 내어 앞으로 질주하게 해 준다. 만일 운동선수가 올림픽 경기에서 금메달을 따고야 말겠다는 강한 욕망이 있다면 그만큼 열정적으로 훈련에 훈련을 거듭할 것이다. 그러나 그러한 욕망 없이 그저 평범한 것에 만족을 느낀다면 그는 그만큼만 노력하게 될 것이다. 그렇다. 욕망은 평범한 사람들과 챔피언을 구별 지어 주는 요소인 것이다. 욕망이 시키는 대로, 하고 싶은 것을 마음껏 해 보고 후회를 가장 줄이는 삶이야말로 성공에 가장 가까운 삶임을 잊지 말아야 한다.

창조적 상상이
바로 능력이다

•
•

베테랑들의 경우 숙련된 노하우와 자기 관리, 원만한 대인 관계 유지가 장점이라면 신입 사원들의 경우는 끊임없이 넘치는 에너지와 열정, 패기 등이 장점일 것이다. 특히 젊을수록 샘솟아 나는 창의력은 그들만의 장점이다. 뛰어난 창의력으로 능력을 인정받은 한 개발자의 인터뷰는 특히 주목할 만하다. 어릴 적 부모님이 TV를 보여줄 때 소리는 완전히 줄이고 화면만 볼 수 있도록 해 TV 속 상황을 상상하게 되었고, 이러한 습관이 시간이 흐르면서 자연스럽게 상상력을 키우는 데 도움을 준 것 같다는 것이었다. 흔히 뛰어난 창의력의 발현은 선천적인 능력이라 여겨지지만 노력으로도 가능하다는 것을 보여준 특별한 케이스다. 직장생활은 평범하더라도 훗날의 성공을 위해 창조적 상상을 습관화하는 것이 중요하다.

시간이 흐를수록 하지 않게 되는 것 중 하나가 바로 '상상'이 아닐까. 어릴 적에는 로켓을 타고 우주여행을 한다든가 자신이 영화의 주인공이 되는 엉뚱한 공상에 빠져 하루하루를 보내는 나날도 많다. 하지만 틀에 박힌 학업 생활에 열중하는 청소년기를 보내고 바쁘게 취업을 준비하다 보면 그런 상상을 할 시간은 점점 줄어들게 된다. 허무맹랑한 상상은 오히려 시간낭비일 뿐이라고 말하는 사람도 많다. 하지만 상상은 가능성의 한계를 허물고 더 큰 세상을 내다보고 더 높은 곳에 오르게 하는 원동력이다. 인류 문명을 발전시킨 위대한 발견은 대다수의 사람들이 헛소리라고 치부한 '기발한 상상'에서 시작되었음을 잊지 말아야 한다.

앞서 언급된 것처럼 창의력은 얼마든지 노력 여하에 따라 그 힘을 키울 수 있고 젊은 나이에 더 활용이 가능한 능력이다. 좁은 취업의 문에 맞춰 자신만의 독특한 발상이나 상상력을 스스로 망치거나 없애는 경우도 많다. 그럴수록 자신감을 가지고 자신만이 보여줄 수 있는 상상의 힘을 보여야 한다. 근래에 들어 창의력이 곧 경쟁력이라는 인식이 재계 전반에 퍼지면서 입사의 기준 또한 독특한 상상력과 창의력에 맞춰지고 있다. 기발한 아이디어 하나가 전 세계를 흔드는 유명 상품과 브랜드를 만들고 있기 때문이다. 시간이 나면 언제든 상상의 나래를 펼치는 사람이 되자. 어느 순간 자신이 발휘하는 상상력이 회사를 이끄는 원동력이 되고 자신의 꿈을 만드는 힘이 됨을 발견할 것이다.

'취업 포트폴리오'로
경쟁력을 강화하라

•
•

보통 입사지원을 생각할 때 떠오르는 것은 이력서와 자기소개서다. 하지만 '준비된 인재'를 찾는 기업들이 늘면서, 그리고 기업의 채용전형이 깐깐해지면서 이력서와 자기소개서만으로는 경쟁력을 확보하기가 날로 어려워지고 있다. 특히 '이직'이나 '재취업'을 생각하고 있다면 입사지원서 외에 자신의 경쟁력을 보여줄 수 있는 또 다른 카드가 필요하다.

이러한 분위기 속에 '취업 포트폴리오'를 제작하려는 취업준비생들이나 직장인들이 늘고 있다. 보통 '포트폴리오'라고 하면 디자인과 관련한 직종의 사람들에게만 한정되어 있다고 생각하기 쉬운데 포트폴리오는 한마디로 자신의 과거나 현재 작업들을 한눈에 파악하기 쉽도록 정리해 모아 놓은 자료라고 볼 수 있다. 신입사원을 실무에 바로 투입시켜 성과를 창출해 내길 바라는 기업의 입장에서는 포트폴리오가 '실무형 인재'인지를 평가하는 중요한 잣대가 될 수 있다. 따라서 최근에는 입사지원 단계에서 포트폴리오 제출을 요구하는 기업도 쉽게 찾아볼 수 있다.

취업 포트폴리오의 중요성은 알지만 막연하게 느껴져 어떻게 제작을 해야 할지 엄두를 내지 못하는 경우도 많다. 특히 직장경험이 없는 취업준비생들은 취업 포트폴리오 자체가 부담이 될 수도 있다. 하지만 취업 포트폴리오를 만드는 과정만으로도 진로설계를 다시 한번 해볼 수 있고, 제작을 했다는 그 자체만으로도 인사담당자에게 충분히 좋은 점수를 얻을 수 있기 때문에 도전해 볼 만하다.

경력자라면 취업 포트폴리오의 중요성은 더욱 크다. 경력기술서를 통해 이력을 소개할 수 있지만 자신이 어떤 실력을 발휘했는지 구체적으로 보이고자 한다면 취업 포트폴리오가 더 효과적이기 때문이다. 이때 주의해야 할 점은 주요 프로젝트나 업무에서 자신이 정확히 어떤 역할을 맡아 무슨 업무를 수행했는지를 구체적으로 전달해야 한다는 점이다. 보통은 자신의 능력을 크게 보이게 하기 위해 프로젝트의 전 과정이나 업무를 모두 자신이 맡아 진행한 것처럼 작업하는 경우가 있는데 이는 입사 후 업무를 수행하는 과정에서 문제가 될 수 있으므로 주의해야 한다. 꼭 이직을 생각하고 있지 않더라도 조금씩 시간을 내어 '취업 포트폴리오'를 작성해 보는 시간을 갖는다면 자신의 강점과 취약점을 찾는 데 도움이 될 것이다.

실패에도
관리가 필요하다

•

시험을 준비하는 수험생들에게 전문가들이 꼭 하는 조언이 있다. 바로 '오답 노트'를 만들라는 것이다. 틀린 문제에 대해 그 문제를 왜 틀렸는지 정리해 두지 않으면 그와 비슷한 문제를 다시 풀게 되었을 때 지난번과 같이 또 틀릴 가능성이 높기 때문이다. 자신이 틀린 문제를 왜 틀렸는지 이해하고 숙지하게 되면 그와 같은 유형의 문제를 틀리지 않고 맞힐 수 있게 되어 고득점을 올릴 수 있다.

이와 같은 원리는 시험뿐 아니라 우리 생활 곳곳에 적용된다. 문제가 생겼거나 실패를 맛보게 되었을 때 왜 문제가 생기게 되었는지, 그리고 왜 실패하게 되었는지를 제대로 파악하고 해결방안을 마련해 놓지 않으면 같은 문제와 실패를 계속 경험하게 될 수밖에 없다. 그런데 우리는 문제나 실패를 맞닥뜨리게 되었을 때 그것을 감추기에 급급할 때가 많다. 좋은 일도 아닌데 들추고 이슈화시키는 것이 내키지 않기 때문이다.

특히 기업의 경우 실패를 은폐하려고 하면 어느 순간 실패의 악순환이 발생해 제대로 성장할 수 없게 되거나 심지어 망하게 될 수도 있다. 세계적으로 잘 알려진 3M이나 IBM 같은 기업은 실패를 하게 되었을 때 그 원인을 분석하고 대안을 적극 찾아봄으로써 지적 자산으로 삼는 '실패 관리'를 경영기법으로 오랫동안 활용해 왔다고 한다.

취업준비생의 경우도 이와 같다. 취업과정에서 겪게 된 실패를 '이번에는 운이 없어서 그런 거야' '시기가 잘 맞았으면 성공했을 텐데 괜히 서둘러서 그랬어' 하며 운이나 시기 탓으로 돌려버리면 그 사람은 후에 원하는 회사에 입사를 하더라도 결코 성공할 수가 없다. 실패를 대수롭지 않게 여기고 넘겼기 때문에 다음에 비슷한 상황이 되면 또다시 실패를 하게 되고, 언젠가 그 실패를 자신의 힘으로 감당할 수 없게 될 때가 오게 될 것이기 때문이다.

이 세상에 실패를 좋아할 사람은 없다. 하지만 이왕 한 실패라면 그 실패를 조직이나 자신이 발전해 나가기 위한 자양분으로 삼으려는 자세가 필요하다. 실패도 자산이라는 생각으로 실패가 두려워 끌려다니는 것이 아니라 실패를 관리할 수 있는 사람이 되어 보자.

마음의 운동을
시작하자

•
•

우리는 체력을 기르기 위해 평소 운동을 해야 한다고 이야기한다. 체력이 약해지면 어떤 일을 하든 쉽게 지치게 되어 제대로 활동하기가 어렵기 때문이다. 굳이 이런 이야기를 하지 않더라도 운동의 중요성을 모르는 사람은 없을 것이다.

그런데 건강한 몸을 만들기 위해 운동을 해야 하는 것처럼 마음에도 운동이 필요하다. '마음의 운동'이라고 하면 '마음이 어떻게 운동을 하지?' 하고 고개를 갸우뚱하는 사람도 있을 것이다. '건강한 정신에 건강한 육체'라는 말이 있듯이 마음의 건강도 무척이나 중요하다. 몸은 아무 이상이 없는데 마음이 피곤하면 가만히 있어도 모든 것이 힘들고 어렵게 느껴지기 때문이다.

생활의 편의성이 높아지면서 몸을 움직여야 하는 일들은 줄고 있지만 반대로 생각을 필요로 하는 일들은 늘고 있다. 정신없이 이런저런 일들을 처리하다 보니 어느새 하루가 다 가 버렸다고 느껴 본 적이 한두 번씩은 있을 것이다. 바쁜 생활 속에 마음의 여유를 찾기가 힘들다고 말하는 사람도 어렵지 않게 찾아볼 수 있다.

마음의 운동은 다양하게 할 수 있다. 잠들기 전 혹은 낮 시간에 잠시 짬을 내어 눈을 감고 명상에 잠겨 보는 것도 하나의 방법이 될 수 있으며, 좋아하는 음악을 들으며 마음을 쉬게 해주거나 하늘을 바라보는 것, 푸른 공원을 걷는 것도 마음의 운동에 도움이 된다. 마음의 에너지가 방전되지 않기 위해 이러한 일들은 꼭 필요하다.

마음의 에너지가 방전되면 자신이 하고 있는 모든 일들이 힘겹게 느껴질 수 있다. 이러한 상태가 지속되면 평소에는 한두 시간 만에 처리하던 일들도 제대로 처리하지 못해 계속 붙잡고 있거나 가볍게 웃고 넘길 수 있는 작은 실수에도 크게 짜증을 내며 갈등상황을 만들어 심각한 문제들이 발생할 여지가 높다. 따라서 이러한 문제들이 발생하지 않도록 마음을 단련하며 활력을 줄 수 있는 활동이 필요한 것이다.

긍정적인 마인드를 갖는 것도 중요하다. 긍정적으로 생각할 수 있는 일들을 지나치게 부정적으로 생각하고 있지는 않은지, 습관적으로 하는 말들 중에 부정적으로 하게 되는 말은 없는지 한번 살펴보자.

그 밖에도 뜻하지 않게 겪게 되는 어려움이나 실패, 좌절도 마음을 단련시키는 하나의 과정이라고 생각하면, 자신이 어려움에 처하게 될 때 좀 더 유연하게 대처할 수 있게 된다. 마음의 운동을 지속적으로 하다 보면 작은 것에서 즐거움을 느끼고 소소한 감정에 쉽게 휘둘리지 않는 더욱 단단해진 자신을 발견할 수 있을 것이다.

인생의 성장통,
한층 성숙한 나를 마주하다

아이에서 어른으로 성장하기 위해서는 성장통을 겪어야 한다. 성장통을 겪을 당시에는 상당히 고통스럽지만 그 시간이 지나고 한층 어른스러워진 자신의 모습을 보면 신기하기도 하고 대견하기까지 하다.

인생에는 이와 같은 성장통이 있다. 사랑하는 사람과 헤어지는 실연의 아픔도, 기업을 운영하면서 겪게 되는 어려움도 모두 인생의 성장통이다. 세월이 흐른 후 되돌아보면 이를 통해 자신의 인생에 대한 깊이가 더욱 깊어졌음을 느낄 수 있을 것이다.

그렇다면 이러한 인생의 성장통을 어떻게 치러내야 잘 극복해 냈다고 말할 수 있을까? 5년간 연평균 성장률 36%를 기록하며 업계에서 승승장구하고 있다고 평가받는 우리 에듀윌은 사업을 키워오면서 겪었던 성장통이 발전의 탄탄한 밑거름이 되었다.

사업이 한창 탄력을 받아 본궤도에 오를 당시 핵심 인재들이 경쟁사의 스카우트 제의를 받아 대거 빠져나가는 어려움을 겪게 되었다. 인력의 공백으로 사업운영에 차질이 생길 수밖에 없었고, 어수선한 사내 분위기 때문에 스카우트 제의를 받지 않은 인력들의 이탈도 상당했다. 빨리 해결점을 찾지 않으면 사업을 접을 수도 있는 심각한 상황이었지만 조직을 재정비하면서 그러한 위기를 극복해 낼 수 있었다. 그리고 어려움을 하나씩 해결해 가면서 사업이 확장될 때는 어떤 점에 주의해야 하는지 또 인력은 어떻게 운영해야 하는지 등을 배워나갈 수 있었다.

어려움을 맞닥뜨리게 되면 크게 두 가지 반응을 보이게 된다. 하나는 이 어려움과 고통을 어떻게든 벗어나야겠다는 생각에 회피하려 들거나 다른 하나는 그것을 해결하기 위한 방안을 구체적으로 찾는 것이다. 둘 중 어떤 자세가 필요한지는 굳이 설명하지 않더라도 잘 알고 있을 것이다. 취업을 준비하는 과정 역시 마찬가지다. 지금 눈앞에 닥친 상황이 괴롭다는 이유로 갖은 핑계를 대며 문제 해결을 뒤로 미루기만 한다면 평생을 가더라도 눈에 띄는 성장은 힘들 것이다. 더 적극적으로 달려드는 기백을 보여줄 수만 있다면 그것만으로도 한층 성숙해지는 계기를 마련할 수 있다.

인생의 성장통을 겪고 난 뒤 그로 인해 무엇을 배웠는가를 생각해 보는 것도 중요하다. 무엇 때문에 그런 문제가 발생하게 되었고, 또다시 그런 어려움을 겪지 않기 위해 어떤 노력을 해야 하는가를 생각할

수 있다면 인생의 성장통을 통해 더욱 성숙해지고 발전한 자신의 모습을 발견할 수 있을 것이다

Part 2

배움과 성장

배움이 끝나는 날,
꿈은 이루어진다

"
탁월하다는 것은 아는 것만으로는 충분치 않으며,
탁월해지기 위해, 이를 발휘하기 위해 노력해야 한다.
– 아리스토텔레스
"

좋은 신입사원이 되기 위해
무엇을 할 것인가

•

•

수능시험을 보는 것이 더 어려운지 취업을 하는 것이 더 어려운지에 대한 의견을 조사한 설문에서 취업이 더 어렵고 힘들다는 응답이 많았다는 조사 결과가 나온 적이 있다. '이태백(20대 태반이 백수)'이라는 신조어가 생겨난 지 오래되었지만 아직도 청년실업 문제는 계속 진행 중이다.

이런 분위기 속에서 취업이 되어 직장인으로서 사회에 첫발을 내딛는다는 것은 참으로 가슴 벅찬 일이 아닐 수 없다. 무슨 일이든 맡기만 하면 모두 해낼 것 같은 의욕이 가장 왕성한 시기가 바로 이때이며, 성공적인 직장생활을 할 수 있느냐 없느냐를 결정짓는 것도 바로 이때라고 볼 수 있다.

직장인에게 있어서 가장 중요한 경쟁력은 뛰어난 업무수행능력이라고 생각하겠지만 신입사원에겐 그보다 더 중요하게 생각해야 할 것이 있다. 그것은 바로 어떤 일이든 성실히 그리고 열심히 수행하려고 노력하려는 기본 인성이다. 아무리 일을 잘해도 인성이 제대로 되어 있지 않다는 평가를 받게 된다면 회사로부터 결코 좋은 점수를 얻을 수 없기 때문이다. 최근 기업들이 인성검사와 적성검사를 강화하고 있는 이유도 올바른 인성을 갖추고 있는 직원이 업무도 제대로 해낼 수 있다고 생각하기 때문이다. 인·적성검사를 별도로 실시하지 않더라도 신입사원 면접 시에 인성을 중요항목으로 평가하는 경우가 많다.

인성 다음으로 중요한 것이 팀워크 능력이다. 팀워크란 각자의 장점을 살려 공동의 목표를 달성하기 위해 자신이 맡고 있는 역할에 따라 협력적으로 행동하는 것을 말한다. 내가 기업을 이끌어 간다고 생각하는 주인의식도 신입사원의 중요 덕목으로 꼽힌다. 따라서 치열한 취업 경쟁률을 뚫고 신입사원이 되었다면, 인정받는 신입사원이 되기 위해 기업이 원하는 신입사원의 모습은 무엇인지를 한 번쯤 생각해 보자.

진정한 배움은
이제부터다

•

•

"회사에 처음 입사를 하게 되었을 때는 정말 기뻤습니다. 뭐든지 다 할 수 있을 것 같았고 꿈도 많았습니다. 그런데 매일 반복되는 생활을 하다 보니 지겹다는 생각도 들고, 다람쥐 쳇바퀴처럼 도는 생활이 저에게 아무런 도움도 되지 않을 것 같다는 생각이 들곤 합니다."

1년여 정도 모 기업에서 직장생활을 하다가 퇴사를 하고 공무원이 되기 위해 시험 준비를 시작한 오준영 씨의 이야기다. 20대 후반에 직장생활을 시작하여 1년 차가 되는 그가 이러한 선택을 한 이유는 무엇일까?

치열한 경쟁을 뚫고 입사합격통지를 받은 기쁨도 잠시, 바쁜 직장생활에 치이다 보면 어느덧 반복되는 일상에 짜증을 느끼게 마련이다. 그리고 그러한 일상에서 벗어나기 위해 이직을 하거나 앞의 사례처럼 새로운 도전을 시도하기도 한다. 실제로 한 조사에 따르면 정규직 신입사원의 퇴사율은 33.2%로 신입사원 10명 중 3명은 1년 안에 회사를 떠난다고 한다.

보통 면접 시 첫인상은 '5초' 안에 결정이 되고, 면접 당락은 '첫 5분' 동안의 자기소개에서 결정이 된다고 알려져 있다. 직장생활도 크게 다르지 않다. 성공적인 직장생활은 보통 입사 3년 안에 결정이 되고, 그중 첫 1년이 매우 중요하다. 1년 안에 직장에서 자신의 능력을 인정받을 수 있느냐 없느냐에 따라 자신의 몸값을 올리며 승승장구할 수 있느냐, 아니면 구조조정이 있을 때마다 숨죽이며 눈치를 살피는 신세가 되느냐가 결정된다.

직장생활의 성공 여부를 결정지을 첫 1년을 보내는 방법은 의외로 간단하다. 바로 하루하루를 배움의 자세로 맞이하면 된다. 배움이라고 하면 외국어 수강이나 자격증 취득 등을 쉽게 떠올리지만 사회 초년생에게 배움의 의미는 매우 폭넓다. 조직문화를 익히고, 그 안에서 내가 어떤 능력을 펼쳐 보일 것인가를 연구하는 것도 배움이 될 수 있으며, 회사의 중요한 정책과 서비스 전략 등을 익히는 것도 배움이다. 하나의 사회인으로 살아가는 방식을 배우기 위해 우리는 보통 15년이 넘는 시간을 학교에서 보낸다. 하지만 진정한 배움은 사회에 첫발을 내딛는 순간부터 시작된다는 것을 잊지 말자.

성패를 가르는
습관의 힘

•
•

'습관'은 사전적 의미로 '여러 번 되풀이함으로써 저절로 익고 굳어진 행동'을 말한다. 그리고 사람마다 다양한 습관을 가지고 있다. 아침의 시작을 커피 한잔으로 하는 것도 하나의 습관이라 볼 수 있고, 일이나 공부를 할 때 음악을 듣는 것, 외출을 할 때 수도와 가스를 꼭 점검해야 안심이 되는 것들이 모두 습관이다.

이러한 습관은 한번 형성이 되면 고치기가 여간 어렵지 않다. 알게 모르게 행동으로 굳어져 일단 습관이 되면 무의식적으로 행동하게 되기 때문이다. 따라서 좋은 습관은 의식적으로 꾸준히 행동하고 나쁜 습관은 행동하지 않도록 노력하는 강한 의지가 필요하다.

나쁜 습관을 버린다는 것은 매우 힘든 일이지만 그 결과는 훨씬 더 많은 즐거움과 보상을 가져다준다. 한때 흡연가, 알코올 중독자였던 사람들이 담배를 끊고 술병을 내던진 다음에 느낀 즐거움과 기쁨은 엄청날 정도로 크다고 한다. 니코틴 중독에서 벗어난 사람들은 음식의 기막힌 맛과 아침에 일어났을 때의 상쾌한 기분에 대해 이야기한다. 그리고 그동안 자신들을 사로잡고 있던 습관을 버림으로써 새로 발견한 자존감과 만족에 대해 이야기한다.

상습적으로 거짓말을 하거나 타인에 대한 험담, 욕설 등을 잘하는 사람, 지각이나 결근을 잘하는 사람들 역시 원인을 살펴보면 처음에 잘못 들인 습관인 경우가 대부분이다. 한순간의 실수가 한두 번 반복되면서 자신도 모르는 사이 내면에 자리 잡은 결과이다.

자신의 습관을 바꾸고 싶다면 먼저 자신의 습관을 리스트로 만들어 보는 작업을 해보자. 자신의 습관을 리스트화하면 고쳐야 하는 습관이 무엇인지 쉽게 찾을 수 있기 때문이다. 그다음 좋은 습관은 무엇인지 찾아 리스트를 만들어 보고 그중 자신에게 필요한 습관을 찾아보도록 하자.

습관은 우리를 망치기도 성공시키기도 한다. 좋은 습관을 선택한다는 것은 행복과 건강, 즐거움, 예의바름, 부유함 등을 선택한다는 것과 마찬가지다. 습관을 얻은 후에는 그 습관이 우리를 만든다. 우리가 날마다 조금씩 쌓아올린 습관이 우리의 성격을 형성하고, 이 성격은 다시 우리의 운명을 결정한다. 하나하나의 습관이 하찮게 보일 수도 있다. 하지만 그것은 우리가 미처 깨닫기도 전에 우리의 인생을 만들어 나간다는 점을 명심해야 한다.

'나'는 훈련시키기에 따라
달라질 수 있다

．
．

　대부분의 사람들은 어떤 원대한 목표를 정해 놓고 그것을 달성하기 위해 부단히 노력한다. 그러나 인생을 살다 보면 실패와 같은 장애물에 부딪히게 되는데, 실패를 경험한 상당수는, '나는 더 이상의 능력이 없다'고 하는 부정적인 성격의 늪에 빠지고 만다. 그러나 그런 상황에서도 긍정적이고 적극적인 생각의 소유자는 굴하지 않고, 어떻게 하면 자신이 그 장애물을 극복할 수 있을지를 연구한다.

　그럼 여기서 잠깐 우리 인간의 잠재능력에 대해 알아보자.
　우리는 운전을 배울 때 의식적으로 배운다. 하지만 완전히 배우고 나면 어떤가? 브레이크와 클러치, 액셀을 무의식적 혹은 자동적으로 밟거나 떼거나 한다. 그러한 행동은 거의 반사적이라 할 수 있다.
　우리가 컴퓨터를 처음으로 배울 때를 생각해 보자. 그때는 한 글자를 치기 위해 컴퓨터 자판 위에 온 신경을 쏟아부어야만 했다. 다시 말해, 타이핑을 의식적으로 하고 있었던 것이다. 그때는 정말이지 머리도 아프고 무척이나 힘이 든다. 그런데 숙달되고 나서는 어떤가? 자판에 거의 신경을 쓰지 않아도 저절로, 즉 무의식적으로 아주 잘 치고 있지 않은가.

이처럼 우리가 현재 잘하고 있는 것은 모두 잠재의식의 힘에 의한 것이다. 그러므로 인생에서 직면하게 되는 여러 부정적인 상황에 본능적이고도 자동적으로 긍정적인 대처를 할 수 있도록 일정 기간 마음속에 힘이 넘치는 긍정의 메시지를 계속적으로 공급해 주어야 한다.

한 연구보고서에 의하면, 훈련만 받으면 인간의 손가락 피부는 1만 분의 1센티밖에 안 되는 요철을 감지할 수 있으며, 엄마들은 아기의 이마에 입술을 대어보고 섭씨 1천분의 4도밖에 안 되는 체온의 변화를 알아낼 수 있고, 잘 훈련된 혀는 물속에 2백만분의 1밖에 들어 있지 않은 키니네의 맛을 감별해 낼 수 있다고 한다.

우리의 내부에는 이토록 엄청난 재능이 보석처럼 쌓여서 반짝이고 있다는 것을 명심하자. 그것들은 지금 우리가 꺼내어 쓰기만을 기다리고 있다. 어떤가? 그것들을 꺼내어 쓰고 싶은 마음이 들지 않은가?

유능한 직원은
가르치기 전에 배운다

•

•

　직장생활을 하면서 퇴사를 생각해야 할 때를 꼽으라면 아마도 '이 회사에서는 더 이상 배울 게 없어'라는 마음이 들 때일 것이다. 배울 것도 없는데 먹고살기 위해 억지로 다녀야 하는 회사라면 그보다 큰 고역은 없을 것이며, 그런 마음가짐으로 일하면서 제대로 인정받기란 더욱 어렵다. 따라서 그런 마음이 들기 시작했다면 가차 없이 퇴사를 하는 것이 서로에게 득이 될 수도 있다.

　그전에 스스로에게 '나는 회사에서 배우기 위한 자세를 갖추고 있는가?'를 질문해 보자. 이러한 질문에 대해 곧바로 답을 할 수 있다면, 앞서 말했듯이 '회사에서 더 이상 배울 게 없어'라는 생각이 들 때 떠날 준비를 하는 것이 현명하다. 하지만 이와는 다르게 막연한 물음표만 있다면 그런 생각으로 퇴사를 생각한다는 것이 오히려 독이 될 수 있다.

〈남자의 자격〉이라는 예능 프로그램이 있었다. 금연학교, 두 번 군대 가기, 직장인 밴드 등 남자로서 갖춰야 할 소양이나 덕목들을 하나씩 배워 나가는 형식의 프로그램으로 시청자들의 많은 사랑을 받았었다. '남자의 자격'처럼 한 기업에 입사한 직원이라면 '직원의 자격'이 필요하다. 자신이 맡은 분야에 전문가가 되기 위해 노력하는 한편, 직장에서 원만한 인간관계를 유지하며, 상사에게 인정받는 직장인이 되기 위한 자격을 갖춰야 한다. 그리고 이처럼 유능한 직원이 되기 위해서는 먼저 가르치지 않아도 배우는 직원이 되어야 한다. 학교에서는 굳이 적극적으로 배우려는 의지를 갖지 않더라도 강의시간에는 교육을 받을 수밖에 없다. 하지만 직장에서는 스스로 배우려 하지 않으면 아무것도 배울 수가 없다. 회사에서 또는 상사에게 '더 이상 배울 것이 없어'라고 말하기 전에 자신이 그렇게 말할 만한 자격을 갖추고 있는지를 먼저 생각해 보아야 하는 것은 이 때문이다.

스스로 일을 해결해 나가는 것도 중요하지만 자신의 업무 처리에 확신이 서지 않는다면 상사에게 자문을 구해 보자. 그리고 지금 내가 다니고 있는 회사에서 상사나 또는 직장동료에게서 장점을 찾고 배울 수 있는 자세를 가져 본다면 직장생활을 좀 더 능동적으로 할 수 있을 것이다.

직장생활 1장 1절
'에티켓'

•
•

공공장소에 있을 때 우리는 쉽게 '에티켓'을 떠올린다. 지하철에서 큰 소리로 장시간 통화를 하는 사람을 보거나 이어폰 없이 핸드폰이나 PMP로 동영상을 시청하는 사람을 보면 '저 사람은 에티켓도 모르나' 하는 생각을 하게 된다. 여럿이 함께하는 공공장소에서 에티켓을 지켜야 하는 것처럼 직장 내에서도 지켜야 할 에티켓이 존재한다. 하루의 1/3 이상을 보내는 직장에서 에티켓은 원만한 직장생활을 위해 꼭 갖춰야 할 필수요소이다.

직장 내 에티켓과 관련하여 설문조사를 실시한 바에 따르면, '직장 내에서 꼭 지켜야 할 에티켓'으로 '마주쳤을 때 인사하기'가 1위, '공손한 언어 사용하기'가 2위를 차지했다고 한다. '부르면 대답하고 부른 사람 바라보기'나 '근무 중에 개인적인 일을 하지 않기' '주변 정리정돈

하기' 등도 상위를 차지했다. 언뜻 보면 굉장히 사소하게 느껴질 수 있는 일들이지만 또 사소하기 때문에 제대로 지켜지기가 어려운 일이기도 하다.

우리 에듀윌에서는 전 직원이 자체 제작한 동영상을 함께 관람하는 시간을 가진 적이 있다. 주제는 '직장에서 지켜야 할 예절'로 손님 방문 시 응대 예절과 전화 예절 등 직장인이라면 기본적으로 알고 있어야 할 직장생활 매너를 담고 있었다. 이렇게 동영상까지 만들어 직원들에게 직장생활 매너를 강조한 것은, 직장인이라면 누구나 잘 알고 있을 것이라 생각하지만 의외로 지켜지기 어려운 것이 바로 직장생활 매너라는 점에 공감했기 때문이다.

A기업의 김승진 부장은 화장실에서 신입사원과 마주치게 되었는데 신입사원이 몸을 90도로 굽히며 큰소리로 인사하여 다소 민망했던 적이 있다고 한다. 직장생활에서 인사는 가장 중요한 기본 예의이지만 화장실에서는 가볍게 목례만 해도 된다.

이와는 반대로, 입사 초반에 쑥스럽다는 이유로 인사를 제대로 하지 않아 버릇없는 신입사원으로 오해를 받는 경우도 어렵지 않게 찾아볼 수 있다.

D기업에 다니는 신입사원 윤지영 씨는 입사 후 자신을 대하는 주위 사람들의 태도가 점점 차가워지는 것을 느껴 선배에게 고충을 털어놓았다가 전혀 예상치 못한 얘길 들었다. 자신이 인사를 제대로 하

고 다니지 않아 사내에서 평판이 안 좋다는 것이었다. 평소 낮가림이 심해서 가볍게 목례만 하고 얼른 다른 곳으로 시선을 돌렸던 것이 화근이었다. 지영 씨는 이후 자신의 이미지를 좋게 만들기 위해 사람들을 만나면 밝은 표정을 지으며 자신이 먼저 큰소리로 인사를 하고, 선배나 동료들과의 대화시간을 늘리기 위해 노력함으로써 주위 사람들과의 관계를 조금씩 개선할 수 있었다.

편한 사이라고 해서 '형'이나 '언니'라는 호칭을 쓰는 것도 자제하는 것이 좋다. 특히 여직원들의 경우 '언니'라는 호칭을 쓸 때가 많은데, 사적인 자리에서는 큰 문제가 없지만 여러 사람이 함께 일하는 공간에서 이러한 호칭은 바람직하지 않으므로 '선배'라고 불러야 한다.

그 외에도 직장생활에서의 매너는 인사 매너, 근무 매너, 대인관계 매너, 명함 매너, 통화 매너 등 각 상황에 따라 매우 다양하다. 이러한 매너들을 모두 다 숙지하기란 쉽지 않겠지만 적어도 기본적인 매너 정도는 지키도록 노력해야 한다.

에티켓은 회사에서 자신의 평판을 좌우하고 상대를 기분 좋게 만들어 줄 수 있는 큰 힘을 갖고 있다. 나의 에티켓 점수는 몇 점인지 생각해 보자.

말이 바뀌면
평판도 바뀐다

•

•

　직장생활 속에서 인간관계는 원만한 직장생활을 결정짓는 중요한 요소 중 하나다. 그리고 좋은 인간관계를 유지하기 위해 필요한 것이 바로 말이다. '어' 다르고 '아' 다르다는 말처럼 같은 뜻을 담고 있어도 그것을 어떻게 말하느냐에 따라 말을 하는 사람이 좋게 보일 수도 있고 또 나쁘게 평가될 수도 있기 때문이다.

　직장에서 가장 주의해야 할 말은 부정적인 말이다. 일을 하다 보면 자신이 처리할 수 있는 업무량보다 일이 더 많이 들어오거나 혹은 하기 어려운 일이 주어질 수 있다. 이럴 때 문제발생을 사전에 막기 위해, "지금 맡고 있는 업무도 많은데 이 일을 어떻게 해요" "한 번도 안 해본 일이라서 처리하기 어렵겠는데요" 등의 말을 하게 된다. 물론 당연히 할 수 있는 말이지만 그 빈도가 늘어나다 보면 어느 순간 자신도 모르게 부정적인 직원이라는 평판을 얻게 될 수 있다. 어쩔 수 없이 부정적인 말을 하게 될 경우라면 그에 대한 대안을 함께 제시하며 최선을 다하고 있다는 느낌을 줘야 한다. 업무를 지시하는 상사 역시 자신이 맡기는 업무가 쉽지 않은 일이라는 것을 잘 알고 있기 때문이다.

자신감 없는 표현이나 불명확한 말도 되도록 하지 말아야 한다. 특히 일상생활 속에서 "한 것 같습니다"라는 말을 많이 쓰는데, 업무처리를 하는 데 있어서 '그럴 것'이라는 추측은 자칫 큰 문제를 가져올 수도 있으며 상사에게 좋은 이미지를 전달하기도 어렵다. 정확하게 파악이 안 되어 확실하게 말할 수 없다면 "……한 것으로 알고 있는데 바로 확인해 보겠습니다"라는 표현을 쓰는 것이 더 낫다. "글쎄요"나 "아직은……" "저도 잘 모르겠는데요" 등과 같이 자신감 없는 말은, 중책을 맡겼을 때 제대로 일을 해내기 어려운 직원이라는 인상을 심어 줄 수 있으므로 되도록 쓰지 않는 것이 좋다.

직장생활 속에서 자신이 평소에 사용하는 말들을 한 번쯤 점검해 보는 시간을 가져 보자. 별생각 없이 하지 않아도 될 말을 너무 많이 한 것은 아닌지, 편한 마음에서 한 말이지만 상대의 기분을 상하게 한 말은 없는지 등을 점검하다 보면 처음에는 힘들게 느껴지겠지만 차츰 자신의 말에 대해 신경을 쓰게 되고, 시간이 흐르면서 좋은 평가를 받는 사람이 될 수 있을 것이다.

업무보고를
생활화하라

•
•

　직장생활을 하다 보면 필연적으로 받게 되는 것이 바로 업무지시다. 상사에게 받은 업무지시를 얼마나 잘 수행해 내느냐에 따라 직장인의 역량이 결정된다고 해도 과언은 아닐 것이다.

　그런데 업무지시를 잘 수행해 내는 것도 중요하지만 그보다 더 중요한 것은 바로 업무보고다. 업무를 지시받게 되면 지시받은 업무에 대해 보고를 하게 되는데, 업무처리는 잘하지만 업무보고를 제대로 못해 자신의 능력보다 낮게 평가를 받게 되는 경우도 적지 않다. 또 한편에서는 업무보고를 잘해 자신의 능력보다 높게 평가를 받는 경우도 찾아볼 수 있다. 중간보고만 잘해도 일등 사원이라는 말이 나올 정도니 보고의 중요성이 그만큼 크다는 것을 잘 알 수 있을 것이다.

　실례로 박민규 과장은 지시받은 업무처리를 똑소리 나게 잘하기로 유명하다. 업무지시를 하면 무엇 하나 빠짐없이 잘 처리해 놓는다. 그런데 문제는 처리한 업무를 처리했다고 보고하지 않아 꼭 상사가 그 일을 처리했느냐고 확인을 해야 한다는 것이다. "네, 이미 일주일 전에 처리했습니다. 기간 안에 완료될 것입니다"라는 말을 들으면 상사는 '잘했네'라는 마음이 들면서도 한편으로는 '그런데 왜 아직까지 보고를 안 한 거야. 나를 무시하나?'라는 생각을 할 수도 있다.

상사로부터 지시받은 업무는 안건에 따라 다르겠지만 1주일이나 2주일 내로 보고를 해주어야 하며, 아무리 늦어도 1개월을 넘기는 일은 없어야 한다. 박 과장처럼 업무보고가 없으면 처리가 되었어도 신뢰가 무너질 수 있기 때문이다.

또한 지시받은 업무가 늦어지게 되면 왜 늦어지게 되었는지에 대한 중간보고가 반드시 따라야 한다. '그것 하나 제대로 못해?'라는 질책을 받게 될까 봐 혹은 무능력한 직원으로 평가받게 될까 봐 두려워서 보고를 미루거나 허위보고를 하는 경우, 또 꼭 보고해야 할 사항을 보고하지 않을 경우 문제를 더 키울 수 있기 때문이다. 업무보고를 생활화한다면 상사의 신뢰를 얻고, 더불어 자신의 경쟁력도 높일 수 있다.

내 인생의 참된 이정표,
멘토

21세기에 들어 대한민국 사회에서 가장 많이 회자되었던 단어 중 하나가 바로 '멘토'이다. 멘토는 '현명하고 신뢰할 수 있는 상담 상대, 지도자, 스승, 선생'의 의미로 쓰이는 단어이다. 출판, 방송 등에서 핵심 키워드로 부상하며 전 국민을 대상으로 한 스타 멘토가 등장하기도 했었다. 이제 조금은 그 열기가 누그러진 모양새이지만 선후배 간의 멘토링이 정식 기업문화로 자리 잡는 등 자신의 앞날에 참된 이정표를 세워 줄 멘토에 대한 직장인들의 열망은 여전한 듯하다.

그만큼 직장생활을 하다 보면 크고 작은 벽에 부딪힐 때가 비일비재하고 멘토의 존재가 간절해지는 순간이 생기기 마련이다. 특히 신입사원 때라면 두말할 필요도 없다. 새로 맡은 프로젝트가 잘 진행되지 않을 때 '내 능력은 여기까지일까' 하며 낙심하기도 하고, 직장

동료와 의견이 맞지 않아 언성을 높이게 되거나 상사에게 한 소리 듣는 날이면 '이렇게까지 직장생활을 해야 하나' 등의 생각이 들 때도 있다. 이럴 때 속상한 마음을 허심탄회하게 털어놓고 진정 어린 조언을 구하고 싶다면 스스로에게 한번 물어보자. '나에게는 멘토가 있는가?' '나의 멘토는 누구인가?'

딱히 떠오르는 멘토가 없다면 지금부터라도 찾아보는 것도 좋다. 멘토를 너무 거창하게 생각할 필요는 없다. 너무 많은 의미를 부여하면 자칫 멘토를 구하는 것 자체가 목표가 되어 시작도 하기 전에 지쳐버릴 수 있다. 내 주위에 있는 사람이라면 직장동료나 상사, 학교선배, 거래처 지인 등 누구든지 나의 멘토가 될 수 있다.

주의해야 할 점은 자신에게 도움이 되는 멘토를 찾아 좋은 관계를 유지하는 것도 중요하지만 자신도 좋은 멘티가 되기 위해 노력해야 한다는 것이다. 그리고 언젠가 자신도 누군가의 멘토가 되어 줄 것이라는 생각으로 멘토링 활동을 적극적으로 펼친다면 멘토링을 통해 얻을 수 있는 긍정적 효과는 자신이 기대하는 것보다 더 크게 돌아올 것이다.

근속도
능력이다

한 제조기업의 시무식에 참석한 적이 있다. 그 기업의 시무식에는 장기근속자 표창식도 포함되어 있었는데, 길게는 25년부터 10년 근속까지 근속 기간별로 단상 앞에 나와 메달과 꽃다발을 받는 모습이 무척이나 인상적이었다. 특히나 '이직이 곧 경쟁력'으로 여겨지는 현 시대에서 이들의 모습은 특별하게 보였다.

이날 장기근속 표창을 받은 직원들처럼 한 직장에서 10년 또는 20년 넘게 근무하겠다는 직장인을 찾아보기란 쉽지 않을 것이다. 실제로 직장인들을 대상으로 조사한 설문 결과를 살펴보면 직장인의 80%가 이직이 필요하다고 응답했고, 한 직장에서의 적정한 근속기간은 3년에서 5년이라고 생각하고 있었다.

기업에 입사하게 되면 회사를 파악하고 업무를 숙지하는 데 최소한 1년이라는 시간이 필요하다고 한다. 직원은 보통 자신이 입사하여 일을 하게 되면 그때부터 회사에 기여를 하는 것이라고 생각하지만 기업 역시 신규 입사자가 제대로 역량을 발휘하게 하기 위해 이런저런 투자를 하게 된다. 다시 말해 1년이라는 기간에 걸쳐 직원에게 선투자를 한다고 볼 수 있다. 따라서 입사한 지 1년도 안 되어 퇴사하게 되는 경우는 말할 것도 없으며, 1~2년 만에 퇴사하는 것 역시 서로 간에 손해를 보는 일이다. 기업은 선투자한 만큼의 이익을 얻지 못했으니 손해를 보게 되는 것이고, 퇴사하는 직원도 자신의 경력관리를 제대로 하지 못해 손해가 생긴다.

평생직장으로 여기지는 못하더라도 입사했다면 일단 5년 이상은 다니겠다는 생각으로 일하려는 자세를 갖는 것이 중요하다. 물론 입사를 해보니 자신이 맡게 된 업무가 기대와 달라서, 혹은 사내 분위기가 자신과는 맞지 않아서 너무나도 힘든데 무조건 5년 이상 다니라는 것은 억지가 있다고 말할 수 있다. 하지만 한번 입사한 기업에서 뼈를 묻겠다는 각오로 일하는 것과 갈등이 생기면 언제든 떠나면 그만이라는 생각으로 일하는 것과는 분명한 차이가 있다. 지금 자신에게, '현재 다니고 있는 이 회사를 언제까지 다닐 생각이냐'고 한번 물어보자. 혹시 후자와 같은 생각을 갖고 있다면 이 기회에 근속기간에 대한 자신의 생각을 다시 정비해 볼 필요가 있다.

습관성 메뚜기족
탈출하기

•
•

　신규사원을 채용하기 위해 입사지원서를 살펴보다가 놀란 적이 있다. 기획직에 입사지원을 한 경력자였는데, 5년에 걸쳐 무려 10회가 넘는 이직 경력이 있었다. 근무 기간이 짧게는 3개월에서부터 길게는 1년 6개월까지 이력도 다양했다. 경력직 지원이었기에 그동안 맡아왔던 업무까지 정리해 놓으니 다른 지원자들보다 입사지원서 분량이 월등히 많았다. 이 지원자는 흥미를 끌기에는 충분했지만 한 직장에 오래 근무하지 못할 것 같다는 생각을 머릿속에서 떨칠 수가 없었다.

　이직이 경력관리를 위한 하나의 수단으로 자리 잡기 시작하면서 이직에 대한 인식도 예전과 크게 바뀌었다. 한곳에서 하나의 업무를 충실하게 하는 것보다 여러 곳에서 다양한 업무를 해본 사람의 능력이 더 뛰어나다는 생각에 일각에서는 2~3년에 한 번씩 이직을 해야 한다고 이야기하기도 한다.

자신의 경쟁력을 높이기 위해 또는 매너리즘에 빠져 나태해지는 것을 방지하기 위해 이직을 하는 것은 새로운 도전이 될 수 있을 것이며, 자신과 이직을 하는 기업의 발전에도 좋은 영향을 줄 수 있을 것이다. 하지만 이러한 이직을 너무 쉽게 생각해 조금만 마음에 들지 않아도 바로 이직을 결정하고 직장을 옮기는 습관성 이직은 경계할 필요가 있다.

한 직장에 입사해 자신이 맡은 일을 완전히 이해하고 수행하기 위해서는 적어도 1년여의 시간이 필요하다. 따라서 1년 미만의 경력은 자신에게도, 또 자신을 채용한 기업에도 손해가 될 수밖에 없다. 여기에 입사 후 얼마 지나지 않아 연봉이 너무 낮아서, 혹은 함께 일하는 사람들과 마음이 맞지 않아서, 일이 생각보다 힘들어서 등의 이유로 퇴사를 생각하는 것은 섣부른 판단이 될 수 있다. 100% 자신이 원하는 조건에 모두 맞는 직장을 찾기란 거의 불가능하기 때문이다.

이와 같이 습관성 메뚜기족은 처음에는 다양한 경력으로 쉽게 직장을 옮길 수 있지만 시간이 흐르면 오히려 경력관리를 잘 못 하는 사람으로 평가받게 되어 기업에서도 꺼려 하는 지원자가 될 수 있다. 습관성 메뚜기족이 되지 않도록 자신의 경력을 신중히 관리하자.

프레젠테이션의
중요성

•
•

이제 '프레젠테이션 능력'은 직장인이라면 반드시 갖춰야 할 하나의 경쟁력이 되었다. 역량 강화와 성과 중심의 직장 분위기가 조성되면서 자신의 생각과 의견을 제대로 전달할 수 있는 프레젠테이션 능력이 중요해진 것이다. 이러한 분위기는 학교에서도 적용되어 실행하고 있는데, 요즘에는 일방적으로 교과서의 내용을 전달하기만 하는 주입식 교육에서 벗어나 학생들이 하나의 주제를 놓고 서로의 생각을 이야기하는 토론 수업이 확대되고 있다.

한 지인에게 프레젠테이션과 관련해 웃지 못할 이야기를 들은 적이 있다. 기획 업무를 맡고 있는 직원에게 상반기 신규 서비스와 관련한 프레젠테이션을 지시했는데 그 직원이 밥도 제대로 먹지 못할 정도로 부담을 가져 힘들어했다는 것이다. 평소 여러 사람 앞에서 발표할 기회가 없었던지라 예상치 못한 프레젠테이션 지시가 청천벽력 같았던 그 직원은 결국 상사였던 지인에게 프레젠테이션 자료는 자신이 만들고 발표는 다른 직원이 하게 해달라며 간곡하게 부탁까지 했다고 한다. 지인은 직장생활 10년 차 직장인이 프레젠테이션 하나 하지 못해 쩔쩔매는 모습을 보며 그 직원을 다시 보게 되었다는 말도 덧붙였다.

여러 사람 앞에 나와 발표를 한다는 것은 생각만 해도 긴장되고 떨린다. 하지만 그렇다고 해서 피하기만 하면 '그것도 하나 못 하는 소극적인 사람'으로 보이기 쉽다. 국민 MC 유재석은 신인 시절 심각할 정도로 방송 울렁증이 심했다고 한다. 카메라 앞에만 서면 손이 떨려 대본 떨리는 게 다 보일 정도여서 절로 안타까움이 느껴질 정도였다. 그런데 지금 그는 어떻게 국민 MC로 불리며 최고의 인기를 누릴 수 있었을까? 굳이 설명하지 않더라도 방송 울렁증을 극복하기 위해 얼마나 많은 노력을 기울였을지 짐작할 수 있을 것이다.

직장인들을 대상으로 한 설문조사에 따르면 응답자의 55%가 '분기에 1번 정도는 프레젠테이션을 한다'고 하며, '프레젠테이션이 업무 성과에 도움이 된다'는 응답도 83.4%에 이르렀다고 한다. 이는 프레젠테이션 능력이 더 이상 마케팅이나 영업, 홍보 분야에만 국한되지 않는다는 것을 의미한다.

자신의 능력을 제대로 인정받고 싶다면 프레젠테이션에 대한 인식부터 바꾸도록 하자. '나는 특별히 프레젠테이션 할 일도 없는데 왜 이런 능력을 키워야 하지?'라고 생각한다면 큰 오산이다. 프레젠테이션 능력은 우리가 생각하는 것보다 넓고 다양하게 활용되고 있기 때문이다.

프레젠테이션 능력은 노력 여하에 따라 충분히 향상시킬 수 있다. 프레젠테이션을 경쟁력으로 만들기 위한 노력을 지금 시작하자.

자극과 활력,
매너리즘을 이기는 법

●
●

갓난아기에게 세상은 작은 것 하나까지도 신기하고 경이롭게만 느껴진다. 해가 뜨는 것도, 꽃이 피고 지는 것도, 자신의 눈앞에서 아름다운 멜로디를 울리며 빙글빙글 도는 모빌도 신기하고 놀랍다. 이처럼 모든 것이 새롭게 느껴지기 때문에 알고 싶다는 호기심이 생기게 되고 주위의 이것저것을 만져 보며 점차 성장하게 된다. 하지만 커 갈수록 이러한 것들은 더 이상 놀랍거나 신기하지 않다. 익숙해져 버렸기 때문이다.

직장생활도 이와 크게 다르지 않다. 처음 입사했을 때는 자신이 하게 되는 모든 일이 그저 신기하고 놀랍게 느껴져서 즐거움이 컸지만 시간이 지나 그것이 익숙하게 되면 그러한 즐거움은 어느 순간에 사라져 버리고 '내가 왜 직장생활을 해야 하나?' 하는 생각에 결론이 나지 않는 고민을 하게 될 때가 있다. 바로 매너리즘에 빠지는 것이다.

한 설문조사에 따르면 직장인의 75%가 매너리즘에 빠져 있다고 응답했고, 30%는 매너리즘이 수시로 찾아온다고 답했다. '틀에 박힌 일상'이 가장 큰 원인으로 꼽혔다.

직장인들의 경우 반복되는 일상에 자칫 매너리즘에 빠지게 될 때가 많다. 시간이 지나면 어느 정도 극복되지만 심할 경우 일상생활에 어려움을 겪을 수도 있어서 현명한 극복 방법이 필요하다. 앞서 이야기한 것처럼 매너리즘에 빠지는 가장 큰 원인은 반복되는 일상 속에 새로운 자극을 찾지 못했기 때문일 때가 많다.

따라서 매너리즘에 빠졌을 때는 무엇보다도 새로운 활력이 될 만한 자극을 찾는 것이 중요하다. 자신의 업무를 점검해 보고 새로운 일을 기획하여 제안해 보는 것도 하나의 방법이 될 수 있고, 취미생활을 시작하거나 여행을 다녀오는 것도 좋다. 다만, 매너리즘에 빠져 있다는 이유로 이직이나 전직을 생각하거나 업무를 등한시하는 것은 자칫 자신에게 마이너스가 될 수 있으므로 주의해야 한다.

삶은 언제나 리듬을 반복하면서 진행된다. 햇볕이 내리쬐다가도 언제 그랬냐는 듯이 비바람이 몰아치기도 하고 끝없이 오르막을 오르다 보면 드넓은 세상을 한눈에 내려다볼 수 있는 쾌감의 기회를 얻기도 한다. 회사생활 역시 마찬가지다. 누구나 처음에는 의욕적으로 일을 시작하지만 갑자기 지루해지거나 아무 이유 없이 싫어지는 경우를 한

번쯤은 다들 경험하곤 한다. 그리고 평생을 살아가며 그런 일은 몇 번이든 반복될 수 있다. 하지만 초기에 매너리즘에 대처하는 법을 잘 알아만 둔다면 더 활력이 넘치는, 환희에 가득 찬 회사생활이 기다리고 있을지 모를 일이다.

직장생활의 즐거움을
한 단계 높이는 방법

•
•

하루의 대부분을 직장에서 보내야 하는 직장인들에게 직장생활의 중요성은 두말할 것 없이 매우 크다. 직장생활이 즐거우면 일도 즐겁고 하루가 어떻게 가는지도 모르게 생활할 수 있지만 직장생활이 힘들고 어려우면 어떤 일을 맡아도 짜증스럽고 하루가 1년처럼 길게 느껴진다. 그래서 월급은 일을 한 대가가 아니라 직장생활을 잘 견딘 대가로 받는다는 말이 나올 정도다.

그렇다면 이러한 직장생활을 즐겁게 하기 위해 어떤 노력들이 필요할까? 먼저 말이 잘 통하는 마음 맞는 사람을 찾는 것이 필요하다. 보통은 같은 팀의 팀원들과 함께하는 시간이 많다 보니 자연스럽게 가까워지게 되지만, 그럴 경우 다소 한정적이 될 수 있으므로 보다

넓은 시각으로 주위에 마음을 터놓고 이야기할 수 있는 사람을 찾는
것이 좋다.

　S기업에 입사한 윤지영 대리는 마음이 맞는 동료를 찾아 회사생활
의 고충을 털어놓으면서 직장생활의 어려움을 극복할 수 있었다. 처
음 입사했을 당시 윤 대리는 자신의 능력을 인정받고 싶다는 생각에
여러 가지 의견을 내놓으며 매우 적극적으로 업무를 수행해 나갔다.
하지만 직장 선배들은 이러한 윤 대리의 행동을 달갑지 않게 여겼
고, 업무파악이 제대로 되지 않은 상황에서 내놓는 의견이기 때문에
실질적으로 반영하기 어렵다는 입장을 보였다. 이러한 일들이 지속
되자 윤 대리는 선배들과 갈등을 겪을 수밖에 없었다. 급기야 퇴사
를 생각할 만큼 직장생활이 어렵게 느껴졌을 때 자신을 가장 잘 이
해해 줄 수 있을 것 같은 김은정 과장에게 식사나 함께하자며 자신
의 현 상황을 터놓고 이야기했다. 생각했던 것처럼 김 과장은 윤 대
리의 입장을 이해한다며 몇 가지 조언을 해주었다. 그 후로 윤 대리
는 직장생활이 조금씩 수월해지기 시작했고 선배 직원들과의 갈등도
풀 수 있었다.

　사내에 동호회가 활성화되어 있다면 동호회에 참여하거나 공통의
관심사를 갖고 있는 동료들과 함께 모일 수 있는 시간을 마련하는
것도 직장생활의 즐거움을 높이는 하나의 방법이 될 수 있다. 업무
외의 활동으로 공유하는 것이 있다면 그 관계가 훨씬 끈끈하게 느껴
질 수 있기 때문이다. 그 외에도 업무와 관련해 새롭게 도전할 만한

분야를 찾거나 취미를 갖는 일도 직장생활을 즐겁게 만드는 활력소
가 될 수 있다.

실수를 기회로
발전을 도모하라

●

●

인생을 살다 보면 누구나 실수를 하게 마련이다. 하지만 그 실수에 대해 어떻게 대처하느냐에 따라 자신을 더 발전시킬 수도 또 후퇴시킬 수도 있다.

기획팀에서 근무하는 한준수 대리는 얼마 전 자신의 실수를 타 팀의 문제로 떠넘기려고 하다가 큰 곤혹을 치렀다. 기획안 제출 일자를 깜박 잊고 있다가 제때 작업을 못 하여 기획안 제출이 늦어진 것에 대해 그는 "마케팅팀에서 기획안에 필요한 기본 자료들을 사전에 넘겨주지 않아 작성이 늦어질 수밖에 없었다"고 말한 것이 화근이었다. 이 얘기를 들은 팀장은 마케팅팀에 항의를 했고, 마케팅팀에서는 기본 자료를 충분한 시간적 여유를 두고 넘겼다는 기록을 찾아와서 "왜 타 팀의 핑계를 대느냐?"며 따진 것이다.

이 일로 인해 한 대리는 팀장에게 큰 질책을 받았고, 타 팀으로부터 안 좋은 평판까지 얻게 되었다. 만약 한 대리가 자신이 실수했음을 솔직히 말하고 앞으로 주의하겠다고 반성의 모습을 보였다면 그렇게 심한 질책을 받을 일도 없고, 또 타 팀과의 문제도 일어나지 않았을 것이다.

직장생활을 하면서 실수가 발생했을 때는 그것을 부끄럽게 여기거나 변명을 통해 실수를 최소화하려고 하기보다는 자신의 실수를 인정하고 해결점을 찾기 위해 적극 노력하는 것이 중요하다. 실수를 적극적으로 수습하고 앞으로 어떻게 고쳐 나갈 것인지를 몸소 보여 준다면 오히려 주위 사람들로부터 신뢰를 얻을 수 있다.

실수를 했을 때 당황하거나 심한 자책은 금물이다. 또한 한 번 했던 실수를 계속해서 반복하는 것도 문제가 될 수 있다. '같은 실수를 반복하지 않겠다'라는 생각으로 보완해 나간다면 실수가 약이 되어 직장생활을 해나가는 데 오히려 도움이 될 수도 있는 것이다.

아무리 강조해도
지나치지 않은 말 '기본'

I사에는 재미있는 규칙이 하나 있다. 회의를 할 때 회의시간에 1분이라도 늦게 들어오는 직원이 생기면 그 직원이 회의 참석자 전원에게 다과를 제공해야 한다는 것이다. 처음에는 회의시간에 늦어 다과를 대접하는 직원들이 있었지만 한 달 정도 지나고 나니 회의시간에 늦는 직원을 찾아볼 수 없게 되었다.

회의에 지각할 경우 참석자들에게 다과를 대접하기 위해 돈을 써야 하는 것도 부담이었지만 어느 순간 회의 시간에 늦는 것이 겸연쩍게 여겨졌기 때문이다. I사는 회의에 참석하면서 '회의시간에 1~2분 늦는 게 뭐 어때?' 하고 대수롭지 않게 생각할 수도 있는데 본격적으로 회의를 시작하기 위해 소요되는 그 몇 분이 회의 진행의 효율성에 미치는 영향은 결코 작지 않다는 판단하에 직원들과 이러한 규칙을 만들게 되었다고 밝혔다. 또한 회의를 진행하기에 앞서 회의 시간을 정확히 지키는 것은 직장생활의 기본이라는 것을 인지시키기 위한 목적도 있었다고 강조했다.

누구나 한 번쯤 "기본에 충실하라"는 말을 들어보았을 것이다. 사내에서 회의를 할 때 회의 시간에 늦지 않게 회의실에 입실해야 한다는 것은 모두가 잘 알고 있는 사실이며 기본이라고 볼 수 있다. 하지만 업무를 하다 보면 급하게 처리해야 하는 일들이 생기거나, '이것만 마무리하고 가야지' 하는 생각에 일을 하다 회의 시간을 놓치는 경우도 적지 않다. I사는 직원들이 이러한 생각으로 기본을 소홀히 여기지 않도록 주의하자는 의미로 규칙을 정했고 그 규칙을 통해 직원들 스스로가 기본에 충실할 수 있게 되었다.

어떤 일을 하든 기본을 다지고 기본에 충실해야 성과를 거둘 수 있다. 베스트셀러 작가가 되기 위해 많은 이들이 공감할 수 있는 좋은 글을 쓰는 것도 중요하지만 그에 앞서 꼭 갖춰야 할 것은 한글을 제대로 쓸 줄 아는 능력이다. 또한 일류 요리사가 되기 위해 처음 시작하는 일은 다름 아닌 설거지와 재료 손질이다. 끝없이 반복해야 하는 일이 지치고 힘들지만 그러한 시간을 거치며 탄탄한 기본기를 갖춘다면 칼질 하나에도 비범함을 보일 수 있는 일류 요리사로 인정받을 수 있게 된다.

'기본에 충실한다는 것이 뭐 그렇게 대단하고 어려운 일인가' 하고 생각할 수 있다. 하지만 한결같은 자세로 기본에 충실하기란 생각만큼 쉽지 않다. 어떤 일에 익숙해지면 일을 처리하는 데 따른 요령이나 노하우가 자연스럽게 생기게 되는데 이것만 믿고 안일하게 대처하다가 자신도 모르게 기본을 간과하는 경우가 생기기 때문이다.

어떤 일을 하든 '기본에 충실하자'는 생각을 꼭 하도록 하자. 기본에 충실한 사람이 될 수 있다면 자신이 기대하는 것보다 더 큰 성과를 거둘 수 있을 것이다.

Part 3

열정과 도약

열정의 나침반은
도전을 향한다

"

성공이란 열정을 잃지 않고
실패를 거듭할 수 있는 능력이다.

– 윈스턴 처칠

"

자기계발,
동기부여의 힘

•
•

   광고 전단지 아르바이트를 하는 두 학생이 있다. 한 학생은 학비를 벌기 위해, 다른 학생은 친구들과 여행을 가기 위해 아르바이트를 하고 있다. 이 중 누가 더 필사적으로 전단지를 돌릴까? 그렇다. 학비를 벌기 위해 아르바이트를 하는 학생일 것이다. 그는 여행을 가기 위해 아르바이트를 하는 학생보다 훨씬 더 절박함을 느끼기 때문이다.

   어떤 일을 하는 데 있어 동기부여의 힘은 상상을 초월한다. 어떤 동기를 갖고 그 일을 수행하느냐에 따라 결과는 천차만별로 달라진다. 때문에 최근에는 동기부여를 통해 스스로 효율을 높이는 학습법이 주목받고 있다. 직장인의 자기계발도 이와 별반 다르지 않다. 누구나 자기계발의 필요성과 중요성을 느끼긴 하지만 제대로 실행에 옮기는 경우는 많지 않다. 자기계발을 해야 할 절박한 동기부여가 되어 있지 않기 때문이다.

"자기계발을 하려는 이유는 무엇입니까?" 물었을 때 나올 수 있는 대답들은 다양하다. 현 직장에서 승진하기 위함일 수도 있고, 이직이나 전직을 위함일 수도, 혹은 스스로의 만족을 위함일 수도 있다. 여기서 중요한 것은 그 대답이 보다 현실적이고 구체적일수록 자기계발을 하려는 의지가 더욱 강해진다는 것이다.

공인중개사나 주택관리사 자격증은 민법이나 세법, 회계원리 등 까다로운 과목들이 많아 합격률이 20% 내외로 낮은 편이다. 이런 어려운 자격시험에 한 번에 합격하는 사람들을 보면 '퇴직 후 전직을 해야 하거나 맞벌이를 하는 데 꼭 필요해서' 등 가정경제를 책임져야 할 상황에 있는 경우가 대부분을 차지하고 있다. 가족의 생계가 달려 있는 문제인데 그것만큼 절박한 동기가 또 어디에 있겠는가. 그렇기 때문에 오로지 시험공부에만 정진할 수 있었던 것이다.

성공적인 자기계발을 위해 동기부여는 매우 중요하다. 자기계발을 위해 아무리 좋은 교육을 받더라도 동기부여가 충분히 되어 있지 않으면 제대로 배울 수 없다. 자기계발을 하지 않더라도 당장 직장생활을 하는 데는 아무런 문제가 없다. 그럼에도 불구하고 왜 자기계발을 해야 하는지 그 이유를 구체적으로 따져 본다면 더 큰 동기부여를 할 수 있을 것이며, 막연하게만 느껴졌던 자기계발도 그 가닥을 잡을 수 있을 것이다.

'긍정의 힘'과 함께하자

•
•

　적극적이고 긍정적인 사고는 인생을 성공으로 이끄는 또 하나의 길이며 열쇠이다. 그러므로 세상에서 노력해서 안 되는 일이 없다고 확신해야 한다.

　어렵고 힘든 일을 만났을 때 이 상황을 빨리 벗어나느냐 그렇지 못하느냐는 평소 긍정적 생각을 갖고 살아가느냐 그렇지 못하느냐에 달려있다고 해도 과언이 아니다.

　예를 들어, 직장에서 갑작스럽게 자신이 맡고 있던 직무와 전혀 다른 업무를 수행해야 하는 타 부서로 발령이 났다고 가정해 보자. 타 부서로의 발령, 그것도 내가 해오던 일과 전혀 다른 일을 해야 하는 상황이라면 크게 두 가지로 그 이유를 생각해 볼 수 있다. 하나는 회사에서 자신을 내보내고 싶은 마음에서 엉뚱한 부서로 발령을 냈다고 생각할 수 있고, 다른 하나는 지금 업무도 훌륭히 잘해 내고 있으니 다른 분야의 업무를 맡겨도 잘해 낼 것이라고 확신하여 그런 일을 맡겼다고 생각할 수도 있을 것이다. 그러나 대부분은 이러한 상황에서 전자에 더 무게를 두고 상심해하거나 사표 쓸 준비를 하게 되는 경우가 많다.

물론 전자의 판단이 맞을 수도 있다. 하지만 긍정적으로 돌려 생각해 보면 타 부서로의 발령은 하나의 기회이며, 그 기회를 어떻게 받아들일 것이냐는 전적으로 나의 몫이다. 아무리 상황이 좋지 못할 때 생긴 일이라 할지라도 '이 일을 계기로 나의 역량을 더 넓혀 나갈 수 있지 않을까' 하는 긍정적 생각을 할 수 있는 여유를 가진다면 인생의 성공에 한발 더 다가갈 수 있게 된다.

마음은 우리가 무엇을 먹느냐에 따라 움직인다. 그러므로 마음의 양식을 바꾸도록 하자. 성공한 사람들은 왜 긍정적일까? 다시 말해, 긍정적인 사람들은 왜 성공할까? 그들이 긍정적인 이유는 그들의 마음에 정기적으로 좋고 깨끗하고 힘이 있는 긍정적인 생각을 먹이고 있기 때문이다. 그들은 날마다 음식을 먹어 육체를 살찌우는 것처럼 날마다 긍정적인 생각을 먹음으로써 마음을 살찌우고 있다.

따라서 항상 '하면 된다'라는 적극적이고 긍정적인 생각이나 말을 되풀이하자. 그러면 그것이 잠재의식에 스며들게 되어 부정적 사고를 타파하는 데 놀라울 정도의 영향력을 발휘할 것이다. 그리고 꿈과 희망을 되살아나게 하고 용기와 열정을 맹렬히 불타오르게 할 것이다.

발상의 전환이
발전을 이끈다

티브이 앞으로 수많은 직장인들을 불러 모았던 드라마 〈미생〉 중 퍽 인상 깊은 장면이 하나 있다. 일이 잘 풀리지 않던 주인공이 급기야 물구나무서기를 서서 아이디어를 얻는 모습이었다. 엉뚱한 모습이 웃음을 자아냈지만 그 이면에 엉뚱함을 넘어선 기발함이 꽤 돋보였다. 언뜻 생각해 보면 단순한 발상의 전환이었지만 그 결과는 회사 전체의 이익을 증진시키는 커다란 파급력을 보여줬다.

실제로 물구나무서기를 회사 필수과목으로 지정해 교육까지 시키는 엉뚱한(?) 기업이 있다. 바로 근래에 전 세계에서 가장 주목을 받고 있는 '알리바바'다. 알리바바의 CEO 마윈 회장이 직원들에게 세상을 다르게 보는 법을 알려주기 위해 물구나무식 발상의 전환을 회사 운영에 적극 도입한 것이다. 알리바바가 오픈마켓인 타오바오 서비스를 시작할 당시, 마윈은 기존 업체들의 상식을 깨고 수수료를 아주 낮게 책정하거나 아예 없애는 파격을 선보였다. 당시 중국 온라인 시장의 90%를 장악했던 이베이는 그러한 전략을 비웃었지만 이 다윗과 골리앗의 싸움에서 결국 승자는 알리바바였다. 기존의 틀을 완전히 뒤엎는 발상의 전환 덕에 타오바오가 빠르게 시장을 장악하면서 이베이는 중국 진출 3년 만에 철수하고 말았기 때문이다.

보통 새로운 것을 창조해내거나 큰 도약을 이뤄내기 위해 '발상의 전환'이 필요하다고들 이야기한다. 하지만 어떻게 해야 '발상의 전환'을 할 수 있을지에 대해서는 구체적으로 생각해보지 않거나 막연히 어렵다고 생각하는 사람이 대부분일 것이다. '발상'이란 사전적인 의미로 '어떤 생각을 해낸다'는 뜻을 갖고 있다. 고로 '발상의 전환'은 자신이 떠올린 생각에 유연성을 갖게 되면 어렵지 않게 실천할 수 있다. 어떤 일을 할 때 한번쯤 '이런 방식으로 생각해 보면 어떨까' 하는 질문을 스스로에게 해보고 그 답을 찾기 위해 노력하다 보면 발상의 전환은 습관이 될 수 있다. 이를 한 단계 더 발전시켜 긍정적 결과를 이끌어 낸다면 번뜩이는 아이디어가 넘치는 직원으로 누구에게나 인정받을 수 있을 것이다.

바보야,
문제는 자신감이야!

•
•

성공과 실패는 어떠한 일에 대한 자신감의 유무로 결정되는 경우가 많다. 장래에 대한 불안이나 일에 대한 두려움 등은 모두 자신감 부족에서 오는 현상이다.

나비하 사원은 늘 이렇게 말하곤 한다.

"난 일개 사원일 뿐이야."

그렇다 보니 무엇 하나 적극적으로 나서서 하고자 하는 일이 없다. 같은 팀 한 대리가 "나비하 씨, 이번에 진행하는 신규 이벤트를 맡아서 한번 진행해 보겠나? 좀 벅차게 느껴질 수도 있겠지만 잘만 해내면 앞으로 업무에 큰 도움이 될 거야" 하고 기회를 줘도 "사원인 제가 어떻게 그런 일을 해요. 전 못 해요" 하며 거절하기 바쁘다. 또 "나비하 씨, 이 서류 좀 복사해 와요" 하면, "네, 사원은 이런 일이나 해야죠, 뭐" 하고 푸념을 하곤 하니 사내에서 좋은 평판을 얻을 리 없다.

반면, 전도약 사원은 나 사원과는 달리 "난 10년 안에 이 회사의 임원이 될 거야" 하고 말한다. 이런 생각을 갖고 일을 하다 보니 작은 일에도 앞장서서 열심히 일할 때가 많다. 다른 사람들이 꺼려하는 일도 "제가 하겠습니다" 하며 마다하지 않고, 복사나 서류정리 등의 단순 업무도 "큰일을 잘하려면 작은 일부터 프로처럼 잘 해내야죠" 하고 말하니 자연스레 주위 사람들로부터 신뢰와 인기를 얻었다.

10년 후 이들 두 사람은 어떻게 바뀌었을까? 나 사원은 만년 대리로 언제 구조조정을 당할지 몰라 전전긍긍하고 있지만, 전 사원은 고속승진을 하며 자신이 늘 말해 왔던 것처럼 회사의 임원이 되어 자신의 전문성을 키워 나가고 있다. 처음 입사 당시에는 두 사람의 능력 차이가 크지 않았다. 하지만 10년 후에 이렇게 두 사람이 판이하게 달라진 이유는 바로 '자기존중'에 있다.

나 사원은 자신이 갖고 있는 능력을 폄하하며 한정 지어 버렸지만, 전 사원은 자기 자신을 존중하고 또 더 존중받기 위해 노력해 가면서 자신뿐 아니라 다른 사람들에게까지 존중받을 수 있게 된 것이다.

티끌 모아
자기계발

•

•

시간을 지혜롭게 사용하는 것이 부나 재물을 지혜롭게 사용하는 것보다 더 중요하다는 것은 두말할 나위가 없다. 젊을 때에는 흔히 '아직도 시간은 넉넉하다'라고 생각하기가 쉽다. 그러나 지금 자신에게 주어진 시간들을 쓸모없이 낭비하는 것은 마치 막대한 재산을 탕진해 버리는 것과 같아서 '아차' 하고 깨달았을 때는 이미 어떻게도 할 수 없는 처지에 놓이는 경우가 많다.

"자기계발도 하고 싶고 취미생활도 갖고 싶지만 시간 내기가 너무 어려워요."

직장인 오유나 씨의 말이다.

이처럼 직장인들의 경우, 여유 있게 직장생활을 하고 있다는 사람은 거의 찾아보기가 어렵다. 오히려 잦은 야근과 회식 등으로 인해 시간에 쫓기며 산다고 말한다.

항아리에 큰 돌멩이들을 채워 보자. 항아리가 모두 찼다고 말할 수 있을까? 아니다. 아무리 차곡차곡 돌멩이들을 채워 넣었다고 하더라도 분명히 그 사이에는 틈새가 있을 것이다. 그래서 그 틈새들에 작은 돌멩이들을 채워 넣고, 그러고도 메워지지 않은 틈새에는 모래를 채워 넣었다고 하자. 자, 이제 항아리가 모두 채워졌을까? 아니다. 거기에 또 물을 붓고 나서야 비로소 항아리를 완벽하게 채웠다고 말할 수 있다.

우리의 생활도 그렇다. 항상 바쁘다고 말하지만 그 시간 속에는 밥먹는 시간, 씻는 시간, 화장실 가는 시간, 차 한잔 마시는 시간들이 존재한다. 빡빡한 일정 속에서도 자투리 시간은 생기며, 이때를 어떻게 보내느냐에 따라 하루가 달라지고, 더 나아가서는 인생이 달라질 수 있는 것이다.

윌리엄 3세, 앤 여왕, 조지 1세 시대에 이름을 떨쳤던 라운즈 재무대신은 평소에 이런 말을 자주 했다고 한다.

"1펜스를 비웃는 자는 결국 그 1펜스 때문에 울게 될 것이다."

이 말을 시간에 적용시켜 보면 어떨까?

"1분을 비웃는 자는 결국 그 1분 때문에 울게 될 것이다."

'고작 10분인데, 20분인데……' 하면서 순간순간을 소홀히 보내다 보면 무심코 하루에 많은 시간을 낭비하는 결과를 초래하게 된다. 그것이 1년 동안 지속된다면 그것은 이미 '고작'이라 말할 수 없게 된다. 하루에 15분 정도 자투리 시간을 내어 책 읽는 데 쓴다면 한 달에 한

권 정도는 충분히 독서가 가능하다. 또는 출퇴근길에 매일 10개의 영단어를 외운다면 한 달 동안 200개에서 300개의 영단어를 습득할 수 있다. 작지만 분명 큰 효과를 얻을 수 있다.

자투리 시간을 효율적으로 쓴다는 것이 쉬운 일은 아니다. 가뜩이나 각종 업무에 치이며 생활하는데 자투리 시간마저 무언가를 배우고 익히는 데 써야 한다고 생각하면 그 자체가 스트레스로 느껴질 수 있다. 따라서 처음 자투리 시간을 쓸 때는 의식적으로 무언가를 해야 한다는 생각을 갖고 행동하려 하기보다는 새로운 아이디어를 생각하거나 가까운 시일 내에 해야 할 일을 구상하는 것이 좋다. 이러한 행동들이 자연스럽게 자리 잡히고 나서 자신의 생활패턴에 맞춰 분명한 목표의식 속에 독서를 하거나 운동, 외국어 공부 등을 하는 것이 효과적이다.

한 가지 주의할 점은 어떠한 상황에서도 주객이 전도되어서는 안 된다는 것이다. 자투리 시간에만 신경 쓰다가 본연의 업무에 소홀해지는 일은 없어야 한다.

1만 시간,
오직 '열정'하라

•

•

〈생활의 달인〉이라는 TV 프로그램이 있다. 호박껍질 벗기기, 마늘 썰기, 생수통 쌓기 등 그저 말로만 들었을 때는 단순한 일처럼 보이는 것들이 달인의 손을 거치면 놀라운 일로 변한다. 그 프로그램을 본 사람이라면 기계보다도 빠른 달인의 손놀림을 보며 탄성을 자아낸 적이 있을 것이다.

최근 들어 성공을 이야기할 때 '1만 시간의 법칙'이 다시금 주목을 받고 있다. '1만 시간의 법칙'이란 어느 분야에서든 최고의 전문가가 되기 위해서는 1만 시간의 노력이 필요하다는 것으로, 하루 3시간씩 10년 동안 투자하면 가능하다고 한다. 수치로만 봤을 때는 한 번쯤 해볼 만하겠다는 생각이 들 수도 있겠지만, 365일 동안 하루도 쉬지 않고 꾸준히 한 가지 일에 정진하기란 결코 쉽지 않다.

〈생활의 달인〉에 출연한 달인들도 이러한 1만 시간의 노력이 있었기에 주위 사람들로부터 달인으로 인정받을 수 있었을 것이다. 달인을 사회적으로 큰 성공을 거둔, 특별한 사람만이 얻을 수 있는 타이틀이라고 생각할지 모르지만 실상은 그렇지 않다. 누구나 달인에 도전할 수 있으며 의지가 있고 이를 뒷받침할 열정과 노력이 따른다면 달인이 될 수 있다.

체감정년이 짧아졌다고는 하지만 "몇 년이나 직장생활을 할 것 같은가?"라고 물었을 때 대부분 10년 정도는 생각할 것이다. 아직 10년이 되지 않았다면 10년이라는 시간을 채워 갈 동안 나는 '무엇의 달인이 될 것인가'를, 그리고 10년 이상이 되었다면 '나는 지금 어느 분야의 달인이 되었는가'를 생각해 보자.

몇 년씩 직장생활을 했지만 아직도 제대로 할 줄 아는 것이 아무것도 없다고 자책하는 사람도 있다. 하지만 일을 하며 보낸 시간은 그것으로 끝나는 것이 아니라 분명 무언가를 배우고 익히는 데 보낸 시간이다. 이제라도 '나는 무엇의 달인이 될 것인가'를 생각하며 맡은 바에 최선을 다한다면 다람쥐 쳇바퀴 도는 인생이라는 투덜거림은 더 이상 없을 것이다. 달인이 되기 위한 1만 시간의 법칙에 당장 도전해 보자.

직테크의
달인이 되자

•
•

재테크에 관심 없는 사람은 없다. 재테크 강좌에 연일 사람들이 몰리고, 관련 인터넷 사이트나 카페는 셀 수도 없을 만큼 많다. 최근에는 주부들은 물론 대학생들까지 재테크 능력을 필수항목으로 생각하는 추세다.

그렇다면 샐러리맨에게 가장 좋은 재테크는 무엇일까? 바로 '직테크'이다. '직테크'란 '일'을 의미하는 한자 '직職'과 기술을 의미하는 '테크놀로지technology'가 합성된 신조어로, 자신의 몸값을 올리기 위해, 일하고 싶은 회사에 대한 정보를 모으고 그에 필요한 경력을 꼼꼼히 관리해 전문성을 높이는 것을 의미한다. 간단히 정리하면 자신이 하고 있는 분야의 전문가가 되는 것이 곧 직테크지만, 자신의 분야에 전문가가 되기란 결코 쉽지 않다.

직테크는 자신의 능력과 장단점을 파악하는 자신에 대한 철저한 분석에서부터 시작한다. '나는 그저 평범한 직장인일 뿐이다'라고 생각해 왔다면 그 생각부터 버리도록 하자. '먹고살기 위해 어쩔 수 없이 일한다'라는 생각으로는 그 무엇도 기대할 수 없다. "무슨 일을 하고 있습니까?"라는 질문을 받았을 때 "○○기업의 마케팅 팀장으로 있습니다"가 아니라 "온라인 마케팅 전문가로서 매체분석과 이벤트 기획 등의 일을 하고 있습니다"라고 답변할 수 있어야 한다.

농산물 브랜드 '총각네 야채가게'를 만든 이영석 대표의 『인생에 변명하지 마라』라는 책을 보면 "1학년은 10년을 다녀도 1학년"이라는 말이 나온다. 1학년을 6년 동안 다니면 여전히 1학년이지만 사람들은 6년을 다녔으니 중학교에 가야 한다고 생각한다는 것이다.

직장생활도 마찬가지다. 단순히 직장연차가 쌓여가는 것만으로 그 분야의 전문가가 되었다고 생각한다면 큰 오산이다. 어떤 일을 하든 그 일에서 전문성을 인정받기 위해 어떤 노력을 기울여야 하는지 그리고 자신을 어떻게 발전시켜 나가야 하는지를 끊임없이 생각하고 실행해야 한다. 누구나 자신의 가치를 높이고 싶어 한다. 하지만 그 가치를 높이기 위해 '직테크'를 제대로 하는 사람은 많지 않다. 삶의 만족도를 높이고 싶다면 지금 바로 '직테크'를 시작하자.

당신의 노하우는
무엇입니까?

•

•

요즘 서점에 가 보면 자신만의 특별한 노하우를 담아 소개한 책들을 쉽게 찾아볼 수 있다. 일상생활 속에서 피부관리를 어떻게 해 왔는지를 다큐 형식으로 소개한 유명 여배우의 책에서부터 요리가 좋아 블로그에 틈틈이 올렸던 요리비법들을 책으로 펴낸 주부에 이르기까지 소재도, 글쓴이도 참 다양하다.

직장생활 또는 집안일이나 그 밖의 사회생활 등 어떤 활동들을 하다 보면 자연스럽게 자신만의 노하우가 생긴다. 예를 들면, 허경윤 대리는 아무리 바빠도 작업한 파일은 꼭 카테고리별로 분류하여 정리해 놓는다. 이렇게 하면 급하게 찾아야 할 문서를 쉽게 찾을 수 있고 좀 더 빠르게 일처리를 할 수 있기 때문이다. 김영철 과장은 중요 업무와 관련된 사항은 말로 전하기보다 사내 메신저를 통해 전달한다. 혹시

모를 문제가 생겼을 때 가장 확실한 증빙자료가 되어 주기 때문이다.

이처럼 평상시에는 느끼지 못했지만 생각해 보면, '아, 이건 나만의 노하우였어' 하는 것들을 어렵지 않게 찾을 수 있을 것이다. 노하우는 일의 효율성을 높여 준다. 직장인이라면 좀 더 능력 있는 직원으로 인정을 받는 데 도움을 줄 것이며, 주부라면 주위에서 베테랑 주부로 불리는 데 필요한 경쟁력을 가져다줄 것이다.

노하우를 갖기 위해서는 '좀 더 효율적으로 일을 처리하기 위해 무엇을 해야 하지?' 하는 지속적인 모색이 필요하다. 계속 연구하며 시행착오를 겪어 보아야 비로소 자신에게 맞는 노하우를 찾을 수 있다.

지금 나만이 갖고 있는 노하우는 어떤 것들이 있는지 한번 생각해 보자. 그리고 내가 맡은 분야에서 나만의 노하우들을 찾기 위한 노력에 좀 더 적극적으로 나서 보자. 나만의 노하우를 찾기란 결코 어렵지 않다. 나만의 노하우를 찾다 보면 어느새 그 분야의 전문가로 거듭나고 있는 자신을 발견할 수 있을 것이다.

나는 우리 회사의
'애플'입니다

•

•

브랜드의 중요성에 대해서는 대부분 잘 알고 있을 것이다. "그 옷 참 멋진데 어디 브랜드야?" "이거 A 브랜드 제품인데 브랜드 이름만큼이나 정말 좋아" 등 브랜드의 힘은 우리가 생각하는 것 이상으로 강력하다.

이처럼 브랜드의 중요성이 높아지면서 개인 브랜드에 대한 관심도 함께 높아지고 있는 추세다. '평생직업'의 시대 속에 자신의 가치를 높이는 일이 중요해지면서 개인 브랜드에 대한 인식도 확산되어 가고 있는 것이다. 개인 브랜드라는 말이 생소하고 어렵게 들릴 수도 있겠지만, 한 사람에 대한 이미지나 평판을 의미한다고 생각하면 쉽게 접근할 수 있다. 개그맨 유재석을 이야기하면 자연스럽게 '국민 MC'를 떠올리거나 피겨선수 김연아를 이야기할 때 '피겨여왕'이라는 수식어가

붙는 것도 개인 브랜드 구축을 통해 만들어진 것이라고 볼 수 있다.

이렇게 이야기하면 개인 브랜드는 특정 유명인에 국한되어 있거나 혹은 특별한 능력이나 자질을 갖춰야만 가질 수 있다고 생각하기 쉽다. 하지만 개인 브랜드는 타인이 생각하는 자신의 이미지라는 점에서 이미 생성되어 있는 것이기 때문에 갖고 안 갖고의 문제가 아니라 어떻게 만들어 나가느냐의 문제가 더 중요하다고 볼 수 있다.

스스로 나를 떠올려 볼 때 어떠한 단어들이 생각나는가? '적극적인' '성실한' '유쾌한' '믿음을 주는' '말이 많은' 등 제각기 다른 이미지들이 떠오를 것이다. 그리고 좀 더 객관적으로 파악하기 위해 주위 사람들에게 자신의 이미지가 어떠한지 한번 물어보자. 자신이 그동안 알지 못했던 자신의 이미지를 파악하고, 또 점검해 보는 데 많은 도움이 될 것이다.

자신의 이미지를 대략적으로 파악했다면 그다음에는 자신의 브랜드를 어떻게 만들고 싶은지 생각해 보자. 현재 갖고 있는 이미지를 더욱 확고하게 만들고 싶을 수도 있고, 부족하다고 생각되는 부분을 보완해야 할 필요도 있을 것이다. 이러한 작업들을 마치고 나면 내가 원하는 개인 브랜드를 만들기 위해 어떻게 행동해야 하는지를 쉽게 생각할 수 있다. 그리고 생각한 행동들을 실천해 낼 수 있다면 자신이 갖고자 하는, 경쟁력 있는 개인 브랜드를 만들 수 있을 것이다.

어떻게 하면
'나'를 이길 수 있을까

•
•

우리는 늘 경쟁을 하며 살아간다. 학교에 다닐 때는 더 좋은 상급 학교로 진학하기 위해 경쟁하고, 졸업을 하고 나서는 좋은 직장에 취업하기 위해, 그리고 직장에 들어와서는 경쟁사보다 더 많은 매출을 달성하기 위해 경쟁한다. 상당수 기업이 연봉제를 실시하면서부터 직장동료들보다 더 높은 연봉을 받기 위해 경쟁하기도 한다.

하지만 삶을 살아가면서 진짜 경쟁자를 꼽는다면 바로 '나 자신'이라고 말할 수 있다. 왜냐하면 우리는 늘 다른 사람과 경쟁한다고 생각하지만 나를 알고 나를 다스릴 줄 알아야 진짜 경쟁에서 승리할 수 있기 때문이다.

예를 들어 경쟁사인 A사보다 많은 매출을 달성하기 위해 1,000원

짜리 상품을 원가도 안 되는 500원에 팔아 매출액을 늘렸다고 생각해 보자. 박리다매로 매출을 크게 늘려 매출액 규모에서 A사를 앞지를 수도 있을 테지만 결국에는 기업 운영 여기저기에 문제가 발생하여 사업이 존폐 위기에 놓이게 될지도 모른다. 기업의 경쟁력을 높이기 위해 무엇을 개선하고 어떤 방안을 세워야 할지를 생각하지 않고 오로지 경쟁사를 이기기 위한 매출만 생각했기 때문이다.

'지피지기면 백전백승'이라는 말처럼 경쟁사회에서 승자로 살아가고 싶다면 우선 나를 다스릴 줄 알아야 한다. 이 세상에 똑같은 사람이 없는 것처럼 자신을 다스리는 법 또한 매우 다양하다. 하루에 10분씩 눈을 감고 명상에 잠겨 마인드 컨트롤을 하는 사람도 있을 수 있고, 심호흡을 하는 사람, 신뢰를 갖고 있는 사람에게 자문을 구하는 사람도 있을 수 있다.

마인드 컨트롤을 잘할 수 있다면 쉽게 흥분하고 화를 내거나 좌절하지 않고 보다 이성적으로 자신의 상황을 생각할 수 있기 때문에 현명한 상황 대처가 가능해진다. 마인드 컨트롤은 어느 순간 갑자기 되는 것이 아니라 꾸준한 훈련을 통해 향상시킬 수 있으므로 자신만의 마인드 컨트롤 방법을 찾아 틈틈이 실시해 보자.

열등감과
자신감의 차이

•
•

우리는 우리가 생각하고 있는 자신에 대한 이미지와 다르게 행동할 수 없다. 따라서 자신에 대한 이미지를 마음속에 어떻게 그리고 있느냐에 따라 성공의 길로 들어설 수도, 혹은 실패의 길로 들어설 수도 있다.

가장 불건전한 자기 이미지는 열등감이다. 이는 교사들이나 권위 있는 사람들 또는 일반 대중들에 의해 만들어지고 확대된다. 예컨대 학과 시험에서 실패한 학생의 경우, 그 한 가지의 실패가 마치 인생 자체에서 실패한 것 같은 느낌을 주기 쉬운데, 이러한 느낌은 학교의 선생님이나 부모님의 꾸지람에 의해 더욱 증폭된다.

하루는 열다섯 살 된 빅터 세리브리아코프에게 그의 선생님이 말했다. "너는 공부에 소질이 없어서 도저히 학교를 마칠 수 없을 것 같구나. 그러니 일찌감치 공부를 포기하고 장사나 배우거라." 그는 선생님의 충고를 받아들여 학교를 그만두었고, 그 후 17년 동안 별의별 직업을 다 가져 보았다. 다시 말해, 그는 선생님으로부터 저능아라는 소리를 듣고 17년 동안이나 그렇게 저능아로서의 삶을 살아왔던 것이다. 그러나 그가 서른두 살 되던 해에 상상도 못 할 일이 일어났다. 지능지수 평가에서 그가 아이큐 161의 천재라는 사실이 드러났던 것이다.

그 후로부터 그는 천재처럼 행동하기 시작했다. 책을 쓰고 많은 발명품 특허를 냈으며 기업가로서 대성하였다. 더욱 놀라운 일은 그가 국제 멘사Mensa협회 의장이 되었다는 사실이다. 참고로, 그 단체는 아이큐 140 이하는 회원 자격이 없다고 한다.

그는 엄청난 분량의 지식을 하루아침에 습득하여 천재로 바뀐 것이 아니다. 그를 천재로 만든 것은 자신감이었다. 자신감을 얻어 이제까지와는 다른 시선으로 자신을 보게 되었을 때 그의 행동도 달라지기 시작했고, 이제까지와는 전혀 다른 결과를 기대하기 시작했으며, 마침내 그런 좋은 결과를 얻을 수 있게 되었던 것이다.

마음속에 어떤 이미지를 심든 간에 '마음은 그 이미지를 실제상황으로 만든다'는 것을 명심하자. 즉 인간은 자기가 생각한 대로 된다는 것이다. 20cm 넓이의 널빤지를 땅바닥에 놓고 그 위를 걸어가기는 쉽다. 그러나 높은 빌딩과 빌딩 사이에 똑같은 넓이의 널빤지를 걸쳐놓고 걸어가기란 거의 불가능하다. 왜 그럴까? 널빤지가 땅바닥에 있을 때에는 쉽고 안전하게 널빤지 위를 걷는 자신의 모습을 마음속에 그리면서 걷게 되지만, 널빤지가 높은 곳에 매달려 있을 때에는 자신의 추락 장면이 마음속에 먼저 그려지기 때문이다.

그럼 결과는 어떠할까? 땅 위에서는 자신이 생각했던 것처럼 널빤지를 무사히 통과할 수 있게 되겠지만, 빌딩과 빌딩 사이에서는 자신이 생각했던 것처럼 십중팔구 추락하게 될 것이 틀림없다. 우리의 육체는 마음속에 그려진 그림대로 움직이기 때문이다.

이처럼 성공과 실패는 어떠한 일에 대한 자신감의 유무로 결정되는 경우가 많다. 장래에 대한 불안이나 일에 대한 두려움 등은 모두 자신감이 부족한 데서 오는 현상이다. 자기가 자신을 믿지 않고 다른 사람이 자신에 대해 믿어 주기를 바란다는 것은 무리이다. 자기 자신을 불신하는 것이야말로 모든 실패의 원인이 된다. 반면, 자신에게 힘이 있다고 확신하면 자신도 모르게 강한 힘이 솟아오르게 된다. 아무리 힘이 있는 자라도 자기 자신이 허약하다고 생각하면 한없이 나약해지는 법이다.

지금 당신의 마음속에 그려진 자신의 이미지는 어떤 모습인가? 열등감으로 가득한 불건전한 것이라면 당장 모두 지워 버리고 자신감을 샘솟게 하는 새로운 모습으로 다시 그려 보자.

'할 수 있습니다'라는 말을
어려워하지 말자

•

•

김준혁 과장과 박동우 과장이 있다. 김준혁 과장은 업무지시를 받았을 때 그 업무가 어떤 업무든 우선은 "예, 알겠습니다"라고 대답하거나 "할 수 있습니다"라고 말한다. 그리고 업무를 진행하다가 도저히 수행하기가 어려울 때 상사를 찾아가 "이러한 이유로 업무수행이 어렵게 되었습니다" 하며 그에 대한 대안이나 타협점을 찾는다.

반면에 박동우 과장은 자신의 능력으로 할 수 없을 것 같은 업무일 경우 "저는 이러한 이유로 지시하신 업무를 수행할 수 없습니다" 하며 처음부터 업무를 맡지 않으려고 한다. 다시 말해, 자신이 할 수 있는 일은 제대로 맡아 착실하게 수행해 내지만 할 수 없는 일은 애초부터 맡지 않으려고 함으로써 수행해 내지 못했을 때 생길 수 있는 문제의 소지를 사전에 차단하려고 하는 것이다.

이들 두 과장 중에서 어느 과장이 합리적으로 업무를 수행한다고 볼 수 있을까? 상사의 지시라는 점에서 우선은 무조건 따라야 한다는 의견도 있을 수 있고, 할 수 없는 일은 확실하게 선을 그어 문제를 만들지 않는 자세가 현명하다고 말하는 사람도 있을 것이다.

둘 다 맞는 의견이지만, 여기서 중요한 것은 '할 수 있다'는 생각과 자세다. 해보지도 않고 지레짐작하여 '할 수 없다'고 말하는 것은 자신에 대한 이미지를 부정적으로 바꾸어 놓을 수도 있으며, 더 나아가서는 자신의 업무역량을 한정 짓는 일을 초래할 수도 있다. 쉽지는 않겠지만 한번 해보자는 생각으로 '할 수 있다'는 모습을 보여 주는 것이 원하는 결과를 얻지 못하더라도 좋은 평가를 받는 데 도움이 될 수 있을 것이다.

한 가지 주의해야 할 점은 스스로 할 수 있다는 마음가짐으로 "한번 해보겠습니다"나 "할 수 있습니다"라고 대답해야지 그저 당시의 상황을 모면하기 위한 방편으로 삼아서는 안 된다는 점이다. 상사의 평가는 생각보다 냉철하다. 정말 할 수 있다는 생각으로 할 수 있다고 말하는 것인지 아니면 마지못해서 해보겠다고 하는 것인지를 충분히 구별해 낼 수 있다. 어떤 일이든 "할 수 있습니다"라는 말을 자신 있게 말할 수 있도록 항상 도전하고 열정이 넘치는 자세를 갖도록 노력하자.

유머감각도
경쟁력이다

•
•

영국의 수상을 지낸 윈스턴 처칠은 대단한 유머감각을 가진 정치가로 유명했다. 그가 하의원에 처음 출마했을 때 상대 후보자가 인신공격을 했다. "처칠은 늦잠꾸러기입니다. 저렇게 게으른 사람을 의회에 보내서야 되겠습니까?" 그러자 처칠은 천연덕스럽게 "저 후보도 저처럼 예쁜 아내를 데리고 산다면 아침에 결코 일찍 일어날 수 없을 겁니다"라고 말해 청중은 웃음바다를 이뤘고 그는 당선되었다고 한다.

한 조사결과에 따르면 직장인 80% 이상이 "유머감각이 성공에 영향을 준다"고 응답했다. 뛰어난 유머감각으로 실력에 비해 좋은 평가를 받는 동료가 있다는 생각을 갖고 있는 직장인들도 40%에 달했으며, 유머감각이 떨어져 직장생활에서 손해를 보고 있다고 생각하는 경우도 20%를 넘었다. '유머감각'이 비단 개그맨에게만 필요한 것이 아니라 직장인들에게도 하나의 경쟁력으로 자리 잡고 있는 것이다.

이러한 분위기 속에 유머감각을 키우고 싶어 하는 직장인들도 많지만 왠지 쑥스러워서 혹은 반응이 좋지 않으면 어쩌나 하는 생각에 주저하는 경우도 적지 않다. 유머감각은 선천적으로 타고나야 발휘할 수 있다는 생각에 자신과는 거리가 멀다고 생각하는 경우도 있다. 하지만 유머감각은 후천적으로 충분히 키울 수 있다고 한다. 유머감각을 키울 수 있는 노하우들을 숙지해 조금만 노력하면 유머 넘치는 인기 사원이 될 수 있을 것이다.

평소에 '나도 유머감각이 있었으면 좋겠다'라는 생각을 한 번이라도 해본 적이 있다면 오늘 이 기회를 통해 내 안에 잠자고 있는 유머감각을 어떻게 꺼내어 표현해 낼 것인가에 대해 생각해보는 시간을 가져 보자.

즐거움으로 일할 때
그 효과는 극대화된다

•

•

'왜 일하고 있는가?'에 대한 질문을 받는다면 당신은 뭐라고 대답하겠는가? '먹고살기 위해서' '가족의 생계를 위해' 등과 같은 대답을 떠올린다면 즐겁게 일하는 것과는 거리가 먼 생활을 하고 있다고 볼 수 있다.

사람이라면 누구나 살아가면서 일을 한다. 직장인들이라면 하루 삼분의 일이 넘는 시간을 직장에서 보낸다. 그런데 그 일이 즐겁지 않다면 행복한 인생을 산다고 말할 수 없다. 자신이 잘하는 일이든 하고 싶지 않은데 억지로 해야 하는 일이든 이왕에 하는 일이라면 즐겁게 일할 수 있어야 한다.

프랑스의 화가 르누아르는 노년에 관절염으로 인해 손조차 움직일 수 없을 정도로 몹시 괴로워하고 있었다. 그런 그가 손끝으로 간신히 붓을 잡고 고통스러운 표정을 지으며 그림을 그리고 있는 것을 본 그의 친구가 물었다.

"그렇게 고통스러워하면서까지 계속해서 그림을 그리려는 이유가 도대체 무엇인가?"

르누아르가 빙그레 웃으며 말했다.

"고통이야 한순간이지만 아름다움은 영원히 남지 않는가."

과연 위대한 천재 화가다운 대답이다.

정상을 향해 달려가는 사람들의 경우, 그 대부분이 자신의 일에 대해 '성공을 위한 대가'라고 생각하지 않고 '진실로 그 일이 좋기 때문에' 열심히 일하고 있다. 어떤 분야에서든 크게 성공한 사람들을 보면 자신들이 하고 있는 일에 깊이 파묻혀 있다. 그들은 자신이 하고 있는 일을 '어려움'으로 여기지 않고 '즐거움'으로 여긴다. 그러니 일하는 시간이 마냥 즐겁기만 하다. 그들은 자신들의 일을 짜증스러운 것에서 순수한 즐거움으로 변화시킬 수 있는 자세를 지니고 있다. 어떤 일이든지 열심히 노력하는 사람보다 좋아서 하는 사람, 하고 싶어 견딜 수 없어 하는 사람이 더 잘하는 법이다.

그렇다면 어떻게 해야 즐겁게 일할 수 있을까? 자신이 진정으로 꿈꿔 왔던 일이라면 그 일을 하는 것 자체만으로도 즐거움이 될 것이다. 하지만 누구나 자신이 원하는 일만을 할 수는 없으며, 설령 원하는 일을 하게 되더라도 어려움을 겪을 수 있다. 이를테면, '정말 하고 싶었던 일이지만 일이 너무나도 힘들어서'라든지, '업무량과 시간에 비해 금전적 보상이 너무 적다'는 등의 문제가 생길 수 있다.

즐겁게 일하기 위해 가장 먼저 생각해 볼 것은 지금 하고 있는 일이 나에게 어떤 의미를 갖고 있는가를 가늠해 보는 것이다. 연봉이나 직장동료, 복지혜택 등 일을 하는 데 따르는 요소들 속에서 장점을 찾다 보면 자신도 모르게 지금 내가 하고 있는 일에 대해 감사하는 마음이 들게 될 것이다.

지금 내가 하고 있는 일은 남의 일이 아니라 바로 내 일이다. 내가 내 일을 하고 있다는 주인의식과 함께 일이 나에게 주는 의미들을 생각해 볼 수 있다면 일을 즐기는 삶에 한발 더 다가갈 수 있을 것이다.

Part 4

인간과 소통

소통이 사람을 부르고,
사람이 성공을 부른다

"

만약 누군가를 당신의 편으로 만들고 싶다면,
먼저 당신이 그의 진정한 친구임을 확신시켜라.
– 에이브러햄 링컨

"

당신의 인맥, 공존 지수Network Quotient를 높여라

•
•

사회에서 성공하기 위해 가장 필요한 것은 무엇일까? 한 설문조사에 따르면 응답자의 30% 이상이 'NQ(Network Quotient = 공존지수)'라고 응답했다고 한다.

자신의 목표를 이루기 위해서는 우선적으로 주위 사람들의 협력이 절대적으로 필요하다. 세계적인 갑부나 위대한 정치가들의 전기를 읽어 보면 모두가 하나같이 다른 사람들의 크고 작은 도움을 받았음을 알 수 있다. 다시 말해, 서로의 협력과 조화가 없이 혼자 힘만으로는 원대한 꿈을 이룰 수 없다는 것이다. 따라서 인생에서 성공하고자 한다면 주위 사람들과의 인간관계에 각별히 신경 써야만 한다.

인맥관리의 중요성에 대해 모르는 사람은 없다. 하지만 인맥관리를 잘하기 위해 어떻게 해야 하는가에 대해서는 어려움을 겪는 경우가 많다. 1,000명의 사람을 알고 있다고 해도 이 사람들과 좋은 관계를 유지하지 못하면 그냥 아는 사람으로 끝나 버릴 수 있다. 반면에 10명을 알아도 그들과 끈끈한 관계를 형성하고 있다면 언제 어디서든 도움을 받을 수 있다.

중견기업에서 신사업 분야의 업무를 맡고 있는 박종철 부장은 인맥관리를 철저히 함으로써 어떤 일을 하든 인정을 받으며 업계에서 두각을 나타내고 있다. 그는 입사 초부터 관련업계 사람들의 모임에 빠지지 않고 참석하며 인맥을 쌓아 왔는데, 오랫동안 모임에 참여하며 서로 정보를 교류하다 보니 업계의 동향을 누구보다도 빠르게 파악할 수 있었고, 서로 도움이 될 만한 사람들을 소개하면서 자연스럽게 인맥을 넓힐 수 있었다.

박 부장의 인맥관리는 일상생활 속에서 자연스럽게 이뤄진다. 점심 시간이나 퇴근 전 잠깐의 시간을 내어 메신저나 이메일을 통해 일상의 이야기들을 나누는가 하면, 최근에는 SNS를 통해 커뮤니케이션을 하며 인맥을 유지한다. 효율적인 인맥관리를 위해 1년에 두 번 정도는 자신의 인맥 리스트를 살펴보며 몇 개월간 연락 없이 지냈던 사람들에게는 안부 인사를 건네거나 변동사항이 없는지 등을 알아보고 정리를 하는 시간을 갖는다.

복 중의 가장 큰 복은 인복이라는 말이 있다. 그리고 인복은 내가 다른 사람에게 기울이는 정성에 따라 달라지는 것이라고 한다. 인맥을 '성공하기 위한 하나의 수단'이라고만 생각한다면 많은 사람과 알고 지낼 수는 있지만 내 편으로는 만들기 어렵다. 사람을 소중히 하고 '그 사람이 나에게 어떤 도움이 될 것인지'를 생각하기보다 '내가 그 사람에게 어떤 도움을 줄 수 있는가'를 먼저 생각할 수 있다면 NQ는 내가 의식하지 않아도 자연스럽게 높아질 것이다.

장래에 필요한 사람들을 자신의 옆에 비축해 두는 것이야말로 이 세상의 그 어떤 재산보다도 값지다는 사실을 마음속 깊이 새기고, 좋은 인간관계를 유지하기 위해 평소에도 각별히 신경을 쓰도록 하자.

소통이
만사형통이다

•

원만한 직장생활은 함께 일하는 사람들과의 관계에서 결정된다고 해도 과언이 아니다. 직장 동료나 상사 혹은 부하직원과 좋은 관계를 유지하고 있다면 일이 힘들게 느껴져도 참고 다닐 수 있지만, 반대의 경우 일이 아무리 좋아도 직장생활이 힘겹게 느껴져 퇴사를 하게 되는 경우가 적지 않다.

그렇다면 직장에서 함께 일하는 사람들과 좋은 관계를 유지하기 위해서는 무엇을 잘해야 할까? 바로 소통이다. 서로 간 소통이 잘되면 끈끈한 유대관계를 만들 수 있고 자연스럽게 직장생활의 만족도가 높아지게 된다.

소통을 잘하기 위한 첫 번째 노하우는 잘 듣는 것이다. 커뮤니케이션을 할 때 가장 중요한 것이 경청이라고 이야기하듯이, 직장에서의 경청은 생각보다 큰 영향력을 발휘한다. 상사가 업무현황을 확인하는 과정에서 '전 그런 말을 들은 적이 없는데요'라고 이야기한다면 자칫 상사와의 갈등을 초래할 수도 있고, 상사에게 좋은 인상을 심어 줄 수도 없다. 또 동료와 이야기를 나누다가 '어? 방금 뭐라고 했어?' 하고 묻는 일이 잦다면 자신도 모르는 사이에 동료들과 사이가 벌어지게 될 수도 있다.

상사와 좋은 관계를 유지하고 싶다면 상사의 지시사항에 대해 늘 메모해 두고, 잘 이해되지 않는 부분은 질문을 통해 확실하게 파악해 두는 자세가 필요하다. 질문을 많이 하면 능력이 부족해 보이거나 이해력이 떨어지는 직원으로 오해를 받을까 봐 망설이는 경우가 많은데 실상은 그렇지 않다. 오히려 진취적이고 열정적인 이미지를 심어 줄 수도 있다.

직장 내에서의 소통은 회의나 보고, 지시 등 공적 대화도 있지만 사적 대화의 비중도 적지 않다. 상대와 보다 가까워지기 위해 사적인 대화가 필요하지만 그것이 너무 지나치게 되면 문제가 될 수 있다. 따라서 사적 대화와 공적 대화의 균형을 잘 맞춰 자신의 이미지와 평판을 좋게 관리하는 것 또한 소통을 잘하기 위한 방법이 될 것이다.

상대방을
내 편으로 끌어들이는 방법

•
•

　사람들 중에는 외모는 아름답지만 남자의 마음을 사로잡지 못하는
여성, 사려 분별은 있지만 왠지 모르게 호감이 가지 않는 사람이 있
다. 그 이유는 무엇일까? 그 사람들은 자기의 미모나 능력에 자신이
있기 때문에 사람의 마음을 사로잡는 방법을 몸에 익히는 것을 게을
리하기 때문이다.

　인덕人德을 얻는 것은 그다지 어려운 일이 아니다. 상대방을 기쁘게
해주려는 마음, 우아한 몸가짐, 사소한 배려, 칭찬의 말, 분위기, 옷차
림 등 아주 조그마한 행위가 모이고 모이면 상대방의 마음을 붙잡을
수 있다.

　첫째, 상대방을 기쁘게 해주려는 마음을 갖자.

아무리 우호적인 관계를 깊이 맺고 싶다 해도 상대방을 기쁘게 해 주려는 마음이 당신에게 없다면 아무런 소용이 없다. 따라서 그 사람을 위해 마음을 씀으로써 그에게 기쁨을 주도록 노력하자. 이것이야 말로 사람을 사귀는 데 있어 반드시 필요한 인간관계의 대원칙이라 할 수 있다.

둘째, 인간관계는 메아리와 같다.

세상은 결코 혼자서만은 살아갈 수 없다. 내가 남의 어려움을 알고 도와줄 때 다른 사람 역시 내가 어려울 때 도와준다는 사실을 알아야 한다.

한 어린아이가 자기 엄마한테 야단을 맞고 나서 산으로 올라가서 "미워! 미워!" 하고 고래고래 소리를 질러대자 저쪽 골짜기에서 "미워! 미워!" 하는 소리가 울려왔다. 당황한 소년은 집으로 달려와서 자기 엄마에게 저쪽 골짜기에 자기를 미워하는 나쁜 아이가 있다고 말했다. 그 말을 들은 엄마는 아들을 데리고 산 위로 올라가서 아들에게 말했다.

"얘야, 이번엔 큰 소리로 '사랑해!' 하고 소리쳐 보거라."

아이는 자기 엄마가 시키는 대로 "사랑해!" 하고 소리를 질렀다. 그러자 이번에는 "사랑해!" 하고 착한 아이의 목소리가 골짜기에서 울려왔다.

인생의 법칙은 메아리와도 같다. 내가 다른 사람에게 보낸 것은 다시 그대로 되돌려 받게 되어 있다. 뿌린 대로 열매를 거두듯이 내가 다른 사람에게 준 것을 그대로 되돌려 받게 되는 것이 세상의 이치이다. 그러므로 상대방으로부터 대접받기를 원한다면 당신이 먼저 상대를 대접해 주도록 하자. 선물을 받고 싶으면 먼저 상대에게 선물을 주어야 하며, 칭찬을 받고 싶으면 먼저 상대를 칭찬해 주어야 할 것이다.

셋째, 배려와 존중이 마음의 문을 연다.

타인의 마음을 여는 방법에는 여러 가지가 있다. 그중에서도 상대방에 대한 배려와 존중이야말로 가장 기본적이면서 효율적인 방안이다. 자신을 낮추고 진심이 담긴 미소를 지으며 다가오는 이를 까닭 없이 무시하거나 싫어하는 사람은 없다. 아무리 냉정한 사람이라도 결국 몸에는 따뜻한 피가 돌고 있는, 우리와 똑같은 '사람'이다. 그렇기 때문에 그 누구든 배려와 존중이라는 온기가 전해지면 마음을 열기 마련이다.

넷째, 사람은 칭찬에 약하다.

주위를 한번 살펴보자. 유난히 남의 험담을 좋아하는 사람들의 주변에는 사람이 없다. 설령 있다 하더라도 그런 종류의 사람들밖에 모이지 않는다. 따라서 다른 사람들을 자기편으로 끌어들이고 싶다면 칭찬을 아끼지 말자.

그렇다고 해서 결점이나 나쁜 행동까지도 무조건 칭찬하라는 말이 아니다. 당연히 그것은 좋지 않다고 충고해 주어야 한다. 그렇다면 평소에 근무 실적이 좋지 못한 사람한테는 어떻게 칭찬하는 것이 좋을까? 그럴 때는 그들의 장점을 말해 주며 더 잘할 수 있다는 사실을 깨닫게 해주는 것이 좋다. 그들에게 '나도 하면 할 수 있다'는 자신감을 심어 주라는 것이다. 그러면 실제로 그들은 할 수 있게 되고, 그로 인해 당신에게 감사한 마음을 품게 될 것이다.

다섯째, 예의 바르고 웃는 얼굴로 대하자.

사람을 대할 때는 예의 바르고 웃는 얼굴로 대하자. 그러면 주위에는 당신을 즐겁게 하는 사람들로 가득 차게 될 것이다. 물론 쉽지 않은 일이다. 그러나 한동안 억지로라도 그렇게 하면 그것은 습관이 되어 당신의 생활에 정착될 것이다.

상대방에게 이렇게 대해야 하는 이유는, 당신이 대하는 태도에 따라서 상대방도 당신에게 그대로 반응하기 때문이다. 다른 사람을 향해 미소를 던져 보자. 그러면 그는 당신에게 미소를 보내올 것이다. 한편 다른 사람을 향해 인상을 쓰며 화를 내 보자. 그러면 그 사람 또한 당신에게 인상을 쓰고 화를 내며 달려들 것이다.

미소가 얼마나 많은 이익을 가져다주는지에 대해 안다면 당신은 아마 그러한 습관을 몸에 익히기 위해 안달이 날 것이다. 좋은 습관은 몸에 익힐수록 자신에게 이롭다는 것을 잊지 말자.

나이 많은 후배와
잘 지내려면?

장기화된 취업난으로 구직기간이 길어지다 보니 나이 많은 후배와 일하게 되는 경우도 예전에 비해 증가하고 있는 추세다. 나이 어린 선배를 모셔야 하는 것도 고충이 크겠지만 나이 많은 후배와 함께 일하는 것 역시 적지 않은 어려움이 따른다.

이와 관련한 설문조사를 살펴보면, 나이 많은 후배와 일할 때 가장 많이 겪게 되는 불편함 중의 하나는 호칭 문제라고 한다. 보통 나이 많은 후배를 부를 때 '○○ 씨'로 편하게 부르고 후배는 '○○ 선배'라고 부름으로써 호칭 문제를 해결한다.

나이 많은 후배와 좋은 관계를 유지하기 위해 필요한 것은 먼저 서로를 인정해 주는 것이다. 후배이기는 하지만 자신보다 나이가 많다는 점은 존중해 주어야 할 필요가 있다. 따라서 업무지시를 하거나 그

외의 이야기를 나눌 때도 이 부분을 반영하여 배려해 주는 것이 좋다. 후배 역시 나이 어린 선배의 경력을 존중하여 나이는 어리지만 배울 것이 많다는 생각으로 선배를 대하는 자세가 필요하다.

나이 많은 후배와 관련하여 생기는 문제들을 보면 이러한 부분에 대한 존중이 잘되지 않는 경우가 대부분이다. '나이가 많다고 해도 내가 선배인데 선배 말을 잘 들어야지' 하거나 '아무리 선배라고 해도 나이는 내가 더 많은데 너무 가르치려고만 들어' 하는 생각을 갖게 되면 틈이 생길 수밖에 없다. 서로의 상황을 존중하고 인정하게 되면 나이에 따른 갈등 요소를 크게 해소할 수 있다.

나이에 너무 신경 쓴 나머지 업무지시를 제대로 못 하거나 잘못된 것을 제대로 지적하지 못하는 것도 주의해야 한다. '나보다 나이도 많은데……' 하며 속앓이를 하다 보면 조금씩 불만이 쌓이게 되고 어느 순간 밖으로 드러나게 되어 갈등이 일어날 수 있다. 또한 후배 역시 이런 선배를 너무 편하게 생각하여 본의 아니게 선배 대우를 하지 않게 될 수도 있으므로 적정 수준에서 선배다운 모습을 보이며 나이 많은 후배가 긴장감을 놓지 않도록 하는 것이 필요하다. 좋은 관계를 만들기 위해 그만큼의 노력이 필요하다는 것을 잊지 않는다면 서로 원만한 관계를 유지하며 발전해 나갈 수 있을 것이다.

연하 상사
스트레스 극복법

•

•

C기업 미디어팀에서는 얼마 전 상사와 부하직원 간에 설전이 펼쳐졌다. 한 달 전에 새로 입사한 차윤철 팀장과 전성준 과장이 업무처리에 대한 이견으로 이야기를 주고받던 중에 합의점을 찾지 못하고 서로의 주장만 내세우다 급기야 전성준 과장이 "입사한 지 얼마 되지도 않아 제대로 알지도 못하면서 왜 그렇게 고집을 부리세요?" 하고 소리치면서 소동이 벌어진 것이다. 표면적으로 보면 서로 간의 의견 차이로 갈등이 생겼다고 볼 수 있지만 문제는 따로 있었다. 바로 스카우트되어 온 차 팀장이 전 과장보다 세 살 어린 상사라는 것이었다.

IMF 이후 연공서열보다는 능력 우선주의 인사제도를 도입하는 기업이 늘면서 '나이 어린 상사'를 모셔야 하는 경우도 예전과 달리 어렵지 않게 찾아볼 수 있게 되었다. 하지만 오랜 시간 연공서열에 익숙해진 상황에서 나이 어린 상사를 모시기란 생각처럼 쉽지 않다.

자기보다 세 살이나 어린 상사를 모셔야 하는 전 과장은 차 팀장의 의견에 '나이도 어리고 경력도 나보다 적으면서 왜 내 의견에 태클을 거는 거야' 하는 불만이 자신도 모르게 쌓이게 되고, 차 팀장은 '나이 는 어리지만 내가 엄연히 상사잖아. 왜 내 말을 제대로 안 듣는 거야. 아랫사람 부리기 정말 힘드네' 하며 서로가 불만을 갖게 되는 것이 다. 이러한 불만은 나이 어린 상사와 나이 많은 부하직원 간에 어쩔 수 없이 생기는 갈등 요소가 될 수밖에 없다. 따라서 서로에게서 받 는 스트레스와 갈등을 적절히 해결하지 못하면 팀 분위기를 안 좋게 만드는 것은 물론 업무에도 영향을 준다는 점에서 이를 잘 해결할 수 있는 방안들을 찾는 것이 중요하다.

이러한 갈등을 사전에 막으려면 무엇보다도 서로가 서로를 인정하 고 배려하는 것이 우선시되어야 한다. 갈등이 생기는 가장 근본적 원 인은 부하직원은 상사가 나이가 어리다는 이유로 자신이 상사보다 더 많이 알고 일을 잘 처리할 수 있을 것이라는 생각을 하는 데 있으며, 상사는 나이 많은 부하에게 어떻게든 위엄을 보이려고 하는 데 있다 고 볼 수 있다. 서로가 상대를 조금씩 이해하고 배려하는 미덕을 갖 는다면 나이 어린 상사 때문에 받는 스트레스를 크게 줄일 수 있을 것이다.

충고와 비판의
적절한 자세

•
○

아무리 훌륭한 충고라 하더라도 그것을 받아들이는 쪽에서 볼 때는 그다지 기분 좋은 것이 아니다. 충고하는 입장에 서 있다 보면 자신이 상대보다 우월하다고 생각하기 쉬운데, 다른 사람을 충고하거나 비판할 때는 주의가 필요하다. 잘못하면 오히려 상대방의 자존심을 자극하게 되어 역효과를 얻을 수 있기 때문이다.

첫째, 상대방의 우월감을 자극하자.
인간관계 전문가인 미국의 제임스 벤더 박사는 충고의 타이밍에 대해 이렇게 말하고 있다.
"나는 충고를 요청해 오는 사람들한테 우선, '저 역시 잘은 모르지만……' 하고 말문을 연다. 내가 이렇게 말하는 이유는, 상대가 '저쪽 역시 나처럼 잘 모르고 있구나' 하는 우월감을 느끼게 하기 위함이다.

이처럼 상대가 우월감을 느끼게 한 후에 충고를 하면 거의 완벽한 효과를 기대할 수 있다."

다시 말해, 상대의 우월감을 자극한 후에 입을 열어야 한다는 것이다. 어떤 때는 상대가 충고나 조언을 의뢰해 오는데, 이런 경우 대부분이 칭찬 섞인 말을 듣고 싶어 한다고 한다. 자기의 자존심을 은폐하고 머리를 숙이는 상대에게 우월감에 젖어 직언을 서슴지 않는다면 실패할 확률이 높으므로 주의해야 한다.

둘째, 비판은 은밀히 하자.

공개적인 비판은 자극을 주어 분발하는 계기가 될 수도 있겠지만, 그보다는 당사자에게 심각한 패배감을 안겨 주는 면이 강하다고 할 수 있다. 따라서 비판은 은밀한 분위기에서 정적으로 진행되어야 효과적이다. 공개적으로 상대의 결점을 지적하면서 상대에 대한 비판을 확대시키면 감정을 자극시키고 모욕감을 주게 되어 비판의 효과는커녕 오히려 반발을 일으킬 수 있으므로 주의해야 한다.

셋째, 지나친 간섭은 피하자.

타인으로부터 간섭받기를 좋아하는 사람들은 이 세상에 아무도 없을 것이다. 따라서 상대를 비판할 때는 지나친 간섭이라는 인상을 주지 않도록 해야 한다. 특히 사생활을 침해하는 비판이나 충고는 금물이다.

넷째, 비판한 후에는 위로의 말을 잊지 말자.

힐책이나 비판은 항상 상대의 감정을 자극하기 때문에 자칫 개인적으로 적의를 품게 할 우려가 있다. 따라서 상대를 힐책하거나 비판할 때는 상대의 마음속에 '힐책을 받았다'는 느낌보다는 '위로를 받았다'는 느낌이 들도록 해야 한다. 만일 부하직원에게 지시했던 업무가 지정 기일이 지나도록 끝나지 않았다면 "이번 일은 자네답지 않은걸. 그 정도라면 자네의 평소 실력으로 얼마든지 처리할 수 있을 텐데 말이야. 그래, 때론 컨디션이 안 좋아서 업무능력이 떨어질 때도 있지. 자네 요즘 많이 피곤한가 보지?"라는 식의 힐책과 함께 위로의 말을 잊지 말아야 한다. 인간은 자기의 처지가 약화되는 기분을 갖게 되면 힐책이나 비판의 말을 마음속에 받아들이지 않는 경향이 있기 때문이다.

당당함과
무례함

•

•

　요즘 신세대 직장인들을 보면 '당당하다'라는 생각을 많이 하게 된다. 과거 70~80년대에는 회사에 충성하고 상사의 명령에 순순히 따르는 것이 직장인의 전형적인 모습이었지만, 지금은 톡톡 튀는 아이디어를 제시하고 자기주장을 강하게 어필하는 젊은이들을 심심치 않게 볼 수 있다.

　그런데 조금 우려스러운 부분은 자기 의사에 적극적인 직원들의 당당함이 때로는 그 도가 지나쳐 '당돌함'으로 여겨질 수 있다는 점이다. 당당함이 당돌함으로 변질되는 것은 상대를 자신과 비교, 평가하는 과정에서 종종 발생한다.

　얼마 전 A업체 신입사원이 협력회사에 대해 평가하는 것을 들은 적이 있다. 요지는 '회사가 영 볼품없네' '사장이 리더십이 없네' '나라면 그렇게 하지 않겠네' 정도로 요약할 수 있다. 물론 그 신입사원이 개인적으로는 그렇게 생각할 수도 있다. 하지만 문제는 이를 자신과 자신의 회사를 돋보이게 만드는 비교잣대로 활용하고 있다는 점이다. 이는 무례한 행위가 아닐 수 없다.

신세대 직장인들의 스펙은 과거에 비해 매우 화려하다. 상당수가 대졸 학사학위 취득자이고, 탁월한 외국어 실력에 PC 활용 능력도 뛰어나다. 여기에 자신감까지 있으니 금상첨화다. 하지만 겸손하지 못한 당돌함을 가지고 있다면 그는 능력 있는 직원보다는 '모난 돌'로 평가받기 십상이다. 상사 입장에서는 그 직원의 비교평가 대상에 언제든 자신이 들어갈 수도 있다고 생각할 수 있기 때문이다.

당당함은 언제나 겸손함이 바탕이 되어야 한다. 상대의 평가절하를 통한 우월함 과시는 자기만족을 가져다줄지 모르지만 또 그만큼의 적을 만들 수 있고 때로는 방심의 계기가 될 수 있음을 상기해야 한다. 따라서 본인 스스로 사회적 외톨이가 되는 덫을 놓지 않도록 그 정도를 잘 조율해야 한다.

사람들은 모두 각자의 환경과 추구하는 가치가 다르게 마련이다. 본인 입장에서는 상대보다 내가 우월하다고 느낄 수 있지만 상대 입장에서는 그런 그의 태도가 도무지 이해 안 갈 수도 있는 법이다. 자신에 대해 당당함을 가지는 자세는 훌륭하다. 하지만 이를 위해 누군

가를 희생양으로 삼아서는 안 된다. 세상은 그런 이들을 무례한 사람
으로만 바라볼 뿐이다.

성공하는 사람은
화술이 다르다

•

•

주위에 말을 잘하는 사람을 보면 대부분 '나도 저렇게 말을 잘했으면 좋겠다' 하며 부러움을 느낀다. 하지만 처음부터 말을 잘하는 사람은 찾아보기 어렵다. 대부분 부단한 노력을 통해 스피치 능력을 향상시키는 것이다.

그렇다면 말을 잘하기 위해 어떤 노력을 기울여야 할까?

첫째, 말할 기회를 많이 만들자.

가장 좋은 방법은 말을 많이 할 수 있는 기회를 만드는 것이다. 자신이 말을 잘하지 못한다고 느끼는 경우 대부분 꼭 필요한 말 외에는 말을 잘 안 하려고 든다. 어떤 것이든 능숙하게 잘하기 위해서는 많이 해보는 것이 중요하다. 또한 말하기 전에 무엇을 이야기할 것인지에 대해 사전에 생각해 보는 것도 도움이 된다. 그리고 가장 중요한 것은 '나도 말을 잘할 수 있다'는 스스로에 대한 자신감이다.

　둘째, 책에서 좋은 표현을 얻자.

　언어 구사력을 기르기 위해 책을 읽을 때는 우선 문체나 말씨의 사용법을 눈여겨보는 것이 좋다. 어떻게 하면 좀 더 좋은 표현이 되는가, 똑같은 의미를 지닌 글을 읽더라도 저자에 따라서 표현 방법이 어떻게 다른가, 똑같은 내용의 글이라도 표현이 다르면 얼마나 인상이 달라지게 되는가를 관찰하면서 읽으면 좋다.

　셋째, 말은 바르게 사용하고 발음은 명확하게 하자.

　청중들의 마음을 사로잡는 훌륭한 성우나 연설가가 어떤 식으로 말하고 있는지 유심히 관찰해 본 적이 있다면, 그들이 발음을 얼마나 명확하게 하고 말을 얼마나 정확하게 하는지를 발견했을 것이다.

　이처럼 명확한 발음으로 정확히 말하고 싶다면 날마다 큰 소리로 책을 낭독하면 좋다. 책을 읽을 때는 입을 크게 벌려서 한 마디 한 마디 분명히 발음하고, 조금이라도 속도가 빠르거나 말씨가 명확하지 못하다고 생각되면 그때그때 시정하도록 한다. 이렇게 연습할 때에는 자신이 말한 것을 녹음기에 녹음해 두었다가 다시 들어보는 것이 좋다. 그래서 발음이 좋지 않은 부분이 있을 때에는 완벽하게 발음할 수 있을 때까지 그 부분을 몇 번이든 반복해서 연습하도록 하자.

　넷째, 자신의 생각을 문장으로 정리하는 훈련을 하자.

　글쓰기는 보면 그냥 단순히 말하는 것과는 다르기 때문에 이 과정을 통해 자신이 생각한 것을 논리정연하게 정리할 수 있게 된다. 자신의 생각을 정리하는 과정에서 진실성이 결여되어 있거나 부정확한 걸 정확한 양 거짓으로 꾸며 글로 나타내기란 좀처럼 마음에 내키지 않는 일이다. 평소에 별생각 없이 내뱉는 '말'과는 질적으로 다르기 때문이다. 따라서 습관적으로 굳어버린 자신의 생각과 어투를 바꾸려면 직접 글을 써 보는 것이 좋다. 필자의 경험에 비추어 볼 때, 자신의 생각을 정리하는 데 있어서 글을 쓰는 것보다 더 좋은 것은 없다고 생각한다.

사람 사이의 관계가 그 어느 때보다 유기적으로 맞물린 현대사회에서 말을 잘한다는 것은 사회생활을 함에 있어 커다란 장점이다. 평소 말을 잘 못 하고 어눌하다고 느끼더라도 결국 화술은 하나의 스킬임을 떠올려 부단히 노력한다면 점점 늘어나는 말솜씨와 함께 늘 '성공의 언어'를 말하는 자신을 발견할 수 있을 것이다.

말에도
쿠션이 있다고?

•

•

  딱딱한 의자에 장시간 앉아 있다고 가정해 보자. 생각만 해도 딱딱함이 주는 불편함에 눈살이 절로 찌푸려질 것이다. 그런 의자에 쿠션을 깔아 놓는다면 어떨까? 아마 푹신한 느낌이 들면서 편안함을 느낄수 있을 것이다.

  이러한 쿠션은 우리가 일상에서 나누는 대화에서도 존재한다. 딱딱하게 전달될 수 있는 말을 부드럽게 연결해 주기 위해 사용하는 언어가 바로 쿠션언어다. 쿠션언어는 상대방에 대한 배려와 존중의 느낌을 전달해 주어 대화를 훨씬 부드럽게 만들고 친밀감과 긍정적 반응을 이끌어내는 데 매우 효과적이다.

  '괜찮으시다면' '실례합니다만' '바쁘시겠지만' '이해해 주신다면' 등이 모두 쿠션언어에 해당되며, 이 외에도 '인상이 참 좋으시네요' '뭐

도와드릴 거 없을까요?' '분위기가 참 좋습니다' 등 다양한 쿠션언어들이 있다.

'김 대리, 이번 주까지 부장님께 보고할 광고 시안을 준비하도록 해' 하고 말하는 것과 '김 대리, 바쁘겠지만 이번 주까지 부장님께 보고할 광고 시안 좀 준비해 주겠어?' 하고 말하는 것 중에서 어떤 말이 더 좋게 들리는지를 묻는다면 두말할 필요도 없이 후자를 선택할 것이다. 전자나 후자나 모두 '이번 주까지 부장에게 보고해야 할 광고 시안을 준비하라'는 지시사항을 전달하는 똑같은 말이지만 받아들이는 김 대리의 입장에서는 쿠션언어를 사용한 말이 훨씬 더 부드럽게 느껴질 수밖에 없다. 또 이와 함께 지시를 내린 윗사람이 한층 더 친근감 있게 느껴졌을 것이다.

적극적으로 쿠션언어를 쓰기란 처음에는 쉽지 않다. 하지만 의식적으로 계속해서 쿠션언어를 사용하다 보면 나중에는 자연스럽게 그런 말이 나오면서 상대를 기분 좋게 만들 수 있어 서로의 의견을 조율하는 데 많은 도움을 받을 수 있을 것이다.

평판관리의
중요성

•

•

국민MC라 불리는 유재석이 큰 인기를 얻고 있는 이유는 방송 진행을 잘해서이기도 하지만 TV에서 보이는 모범적 이미지가 일상생활에서도 그대로 나타나기 때문이라고 볼 수 있다. 다시 말해, 자기관리 및 평판관리를 잘했기에 그렇게 오랜 시간 인기를 유지하고 있다 해도 과언이 아니라는 것이다. 그런가 하면 TV에서는 한없이 착하고 성격 좋은 사람으로 보이지만 사람들 사이에서 들리는 입소문에서는 "자신의 인기를 믿고 건방지게 행동하더라" "보기와 다르게 말투도 예의가 없고 어른을 공경할 줄 모르더라" 하며 안 좋은 평판을 얻는 연예인들도 볼 수 있다.

그렇다면 이러한 평판관리가 연예인들에게만 필요한 걸까? 답은 '절대로 그렇지 않다'이다. 사회생활을 하는 사람이라면 누구나 평판을 관리해야 할 필요가 있다. 일하기도 바쁜데 평판까지 어떻게 관리를 하느냐며 볼멘소리를 하는 사람도 있을 수 있다. 하지만 평판은 내가 사회생활을 그만둘 때까지 계속해서 따라다니며 영향을 미친다.

예전에는 업무성과만 좋으면 스카우트 제의를 받고 이직도 수월하게 할 수 있었지만 지금은 다르다. 꼭 인사팀에 있지 않더라도 지인을 통해, "○○ 씨와 일해 본 적 있지요? 그 사람 일하는 스타일이나 성격이 어때요?" 하는 질문을 받아 본 적이 있을 것이다. 업무성과가 아무리 좋다고 해도 인성이 좋지 않으면 경쟁력 있는 인재로서 오랫동안 근무하기가 어렵기 때문에 회사 입장에서는 입사를 시키기 전 평판조회를 통해 그 사람의 인성을 평가하려 하는 것이다.

실제로 A기업은 김 모 부장을 스카우트하기 위해 미팅 일정을 잡기 전 평판조회를 했다가 전 직장에서 업무수행 중에 상사와 말다툼을 벌여 물의를 일으켰다는 사실을 알고 입사제의를 취소하기도 했으며, C기업은 최종 입사 결정 전 함께 근무한 적이 있는 동료 대리에게 해당 지원자의 성품에 대해 물었다가 안 좋은 얘길 듣고 최종 심사에서 제외한 적도 있다.

좋은 평판은 하루아침에 만들어지지 않는다. 자신을 낮추고 타인을 배려하고 존중하는 습관을 몸에 먼저 익혀야 한다.

좋은 말, 좋은 태도가 주변에 좋은 사람들을 부르고 그 좋은 사람들이 결국 성공으로 나아가는 길의 조력자가 되기 마련이다. 꿈을 이루기 위해 나아가는 길, 꼭 필요한 사람들을 곁에 두고 싶다면 지금 당장 자신의 평판이 어떤지 체크해 보고 관리하도록 하자.

뒷담화
대처법

•
•

　J기업 재무팀에서 근무하는 유민경 대리는 동료와 사내 메신저로 상사의 뒷담화를 하다가 낭패를 보았다. 팀 동료에게 "박 과장님은 사람이 왜 이렇게 감정적인지 모르겠어. 충분히 좋은 말로 주의를 줄수 있는 일인데 무안하게 면박을 주는 거 있지. 그러니까 사내 평판이 그 모양이지" 하며 메시지를 보냈는데 그만 실수로 박 과장에게 전달되었기 때문이다. 메시지를 본 박 과장은 별다른 말 없이 이 일을 넘겼지만 유민경 대리는 한동안 가시방석에 앉은 것처럼 불안하고 불편한 시간을 보내야 했다.

　직장생활을 하다 보면 으레 하게 되는 것 중 하나가 바로 뒷담화다. 직장인들을 대상으로 한 설문조사들을 살펴보면 80% 이상이 "직장내 뒷담화 경험이 있다"고 답했고 뒷담화 소재는 주로 '상사의 리더십'

과 '동료에 대한 뒷담화'가 많았다. 그런데 앞서 본 사례처럼 지나치게 잦은 뒷담화는 뒷담화의 대상이 되는 사람뿐 아니라 나에게도 부정적인 영향을 줄 수 있기에 주의가 필요하다.

대부분의 사람들이 뒷담화가 좋다고는 생각하지 않지만 보통은 뒷담화를 하며 스트레스도 풀고 이야기를 나누는 동료들과 동질감을 느낄 수 있어 뒷담화에 동참하는 경우가 많다. 뒷담화에 적절히 대처하기 위해서는 뒷담화를 하는 상대의 의중을 헤아려 주되 자신이 더 적극적으로 뒷담화를 하는 것은 자제하는 것이 좋다. 뒷담화의 대상보다는 일어난 사실에 초점을 두고 상대방의 말에 공감을 해주면서 이야기의 주제를 다른 방향으로 돌릴 수 있도록 하는 지혜가 필요하다.

뒷담화에 참여하는 주요 이유는 회사 상황 및 타인에 대한 정보 확보를 통해서 불안감을 해소하고 동료 간 친밀감을 형성하려고 하는 것이라고 한다. 그렇기에 사내 소통이 원활하게 될 수 있도록 공식적인 커뮤니케이션을 활성화하는 노력을 기울이는 것도 중요하다.

뒷담화의 내용은 근거나 출처가 모호하거나 사실이 아닌 경우도 많기 때문에 직장 내 갈등을 조장할 수도 있다. 게다가 자신도 언젠가 뒷담화의 대상이 될 수도 있다는 생각을 한다면 그것만큼 불안한 일도 없다. 이러한 의견에 공감한다면 뒷담화 문화를 건전한 소통문화로 바꾸는 일에 동참해 보자.

함께
밥 먹고 싶은 사람

•

누군가와 가까워지고 싶다고 느낄 때 "오늘 시간 어때요? 식사나 함께하시죠"라는 제안을 할 때가 많다. 함께 밥을 먹게 되면 자연스럽게 이런저런 이야기를 나누게 되고 그러한 분위기 속에 포만감을 느끼며 상대에 대한 호감이 커지기 때문이라고 하는데, 이것을 '오찬 효과'라고 한다.

C기업은 신사업을 확장하면서 50여 명이었던 직원 수가 몇 개월 사이 100여 명으로 늘게 되었다. 갑작스럽게 기업 규모가 커지면서 직원들 사이에서는 예상치 못한 갈등이 하나둘씩 생겨나기 시작했다. 특히 부서 간의 갈등이 가장 문제가 되었는데, 기존 부서는 신생 부서들이 이런저런 일들을 요청하는 것이 못마땅했고, 신생 부서들은 기존 부서가 단순히 오래 근무했다는 이유만으로 텃세를 부린다고 생

각하여 불만의 목소리를 쏟아내고 있었다. 살얼음판 같은 사내 분위기를 쇄신하기 위해 C기업이 내놓은 해결책은 의외로 간단했다. 바로 부서 간 점심 회식제도를 만든 것이다.

순서를 정해 두 개 부서가 함께 점심을 먹도록 한 것인데, 처음에는 분위기도 어색하고 부서 간의 식사시간을 맞추는 것도 쉬운 일이 아니라며 불평이 많았다. 하지만 2개월 정도 제도가 시행되고 나니 불평이 조금씩 줄어들기 시작했고, 타 부서원들과도 친해질 수 있는 기회가 생겼다며 직원들의 만족도가 높아지기 시작했다. 이와 함께 부서 간의 갈등도 크게 개선될 수 있었다. 단순히 함께 밥을 먹을 수 있는 자리를 마련했을 뿐인데 각 부서원들은 업무시간에 하기 어려웠던 이야기들을 하며 갈등이나 오해를 풀 수 있었고, 또 타 부서의 상황을 이해할 수 있게 되면서 자연스럽게 서로를 배려하게 된 것이다.

우리는 하루 세 끼 꼬박꼬박 밥을 먹는다. 너무 자연스러운 행위이지만 사람 사이의 관계를 돈독하게 하고 유대를 깊게 만드는 것에 있어 '함께하는 식사'만큼 좋은 것은 없다. 머리를 맞대고 함께 찬을 나누는 과정에서 조금씩 맞춰지는 호흡, 서로 간의 이해와 배려를 느껴보자.

자나 깨나 불조심,
회사에선 말조심

●
●

숨을 쉬듯, 물을 마시듯 사람은 '말'을 하며 살아간다. 워낙 자주 쓰기에 크고 작은 말실수가 늘 발생하기 마련이다. 가족이나 친구 간의, 편안한 상황에서의 말실수는 어느 정도 수습하기가 쉬운 편이지만 직장과 같은 공적인 자리에서의 말실수는 돌이킬 수 없는 결과를 낳기도 한다. 한 번의 말실수로 정치 생명의 끝을 맞이하는 정치인이나 재기할 수 없을 만큼 여론의 질타를 당하는 연예인들을 보곤 한다. 일반 직장인들도 마찬가지다. 조심성 없이 뱉은 말 한마디가 직장 생활을 곤란하게 만들기도 하고 그러한 일이 반복될 경우 신의를 잃어 회사를 그만두는 경우까지 발생한다.

A기업에서 근무하는 박진철 부장 역시 별생각 없이 한 말 때문에 한동안 직원들의 눈치를 보며 진땀을 빼야 했다. 같은 팀에서 근무하

는 김우진 대리에게 "이봐 김 대리, 기획서를 이렇게밖에 작성 못 해? 유치원생에게 시켜도 이것보다는 잘하겠다. 완전 새머리네"라고 말한 것이 문제였다. 부장의 질책에 처음에는 어쩔 줄 몰라 하며 고개를 숙이고 있던 김 대리가 "부장님, 말씀이 지나치신 거 아닙니까? 이런 대우까지 받으며 일 못 하겠습니다" 하며 나가 버렸기 때문이다. 이후에 서로 사과를 함으로써 문제는 마무리되었지만, 직원들이 '박 부장에게 보고를 할 때는 어떤 말을 들을지 모르니 마음 단단히 먹어야 한다'며 쑥덕거린다는 사실을 알고 마음이 좋지 않았다고 한다.

'말 한마디에 천 냥 빚 갚는다' '발 없는 말이 천 리 간다' 등 말조심과 관련된 속담들은 익히 잘 알고 있을 것이다. 하지만 잘 알고 있는 만큼 실천하기 어려운 것이 말조심이 아닐까 싶다. 한 번 더 생각하고 말할 수 있는 신중함을 갖도록 노력하자.

성공하는 직장인의
상하 관계

•

•

직장생활에 있어 올바른 상하 관계의 정립은 아무리 강조해도 모자람이 없다. 다음의 기본적인 사항들만 잘 숙지하고 생활화한다면 직장생활을 원만히 유지하는 것은 어려운 일이 아니다.

첫째, 상사의 말에 최대한 귀를 기울이는 여유를 갖자.

자신이 옳은 말을 했음에도 불구하고 직장 상사가 곧바로 화를 냈다면 그 자리에서는 직접 반론하지 않는 것이 좋다. 지시받은 업무 내용이 다소 불만스럽더라도 일단은 상사의 지시대로 따르다가 도저히 더 이상의 진행이 어렵다고 판단되었을 때 상담하는 것이 좋다. 이때에도, "더 이상은 도저히 안 되겠습니다. 부장님께서 지시하신 내용에 애초부터 문제가 있었습니다"라는 식의 이야기보다는 겸손한 자세로, "최선을 다해 봤지만 이러이러한 문제 때문에 더 이상의 진행은 어려울 것 같습니다. 이 정도의 문제는 제가 사전에 신경을 써 두었어야 했는데 제 불찰인 것 같습니다"라는 식으로 일의 책임을 자신에게 돌리는 것이 좋다.

상사는 한 부서의 장으로서 긍지를 가지고 있다. 특히 부하직원의 반론을 싫어하는 타입은 이러한 의식이 더욱 강하다. 부하직원으로서 이러한 점을 염두에 두지 않으면 직장생활이 고달플 뿐만 아니라 앞으로 성장해 나가는 데에도 문제가 될 수 있다. 그러므로 반론을 제기할 필요가 있을 경우에도 일단은 상사의 이야기에 최대한 귀를 기울여 주는 여유를 갖는 것이 중요하다. 자신이 올바르다고 생각하는 것에도 잘못이 있을 수 있기 때문이다.

둘째, 아랫사람의 인격에 상처 주는 말은 반드시 삼가자.

사람이 실언하는 경우는 크게 두 가지로 나눌 수 있다. 하나는 조심성이 없다 보니 말이 잘못 나와서 그런 경우이고, 또 하나는 홧김에 하게 되는 실언이다. 직장에서는 아무리 자신의 부하직원이라 하더라도 결코 입 밖에 내서는 안 될 말이 있다. 그 예로, "자네 머리가 그것밖에 안 되는가?" "정말 구제불능이구면" "자네 같은 사람은 우리 회사에서 더 이상 쓸모가 없네" 등의 말인데, 이런 말들은 모두 상대의 인격에 치명적인 상처를 입히는 것들이다. 실수로 말이 잘못 나왔든 홧김에 했든 간에 일단 이런 말들을 부하직원에게 내뱉게 되면 상사와 부하의 관계는 회복이 불가능하게 되고, 자칫 직장생활 자체가 흔들리는 큰 문제로 발전할 수 있으므로 특히 주의해야 할 일이다.

셋째, 상대의 문제점을 지적할 때는 우선 칭찬의 말부터 하자.

이 경우는 꼭 직장의 상하관계가 아니더라도 모든 사람에게 해당한다. 앞에서도 말한 바 있지만, 누군가가 나의 잘못된 점을 지적한다는 것은 그리 유쾌한 일이 못 된다. 따라서 부하직원에게 뭔가 문제점이 있어서 그것을 지적해 주고자 할 때는 우선 그의 장점을 칭찬해 주고 나서 하는 것이 좋다. 예컨대, 날마다 지각하는 부하직원이 있다고 하자. 이런 때, "자네처럼 유능한 사람을 부하직원으로 둔 것을 난 항상 자랑스럽게 생각하네. 아무리 어려운 일도 일단 자네에게 맡기고 나면 안심이 되거든. 그런데 말이야, 아침에 10분 더 일찍 일어난다는 것, 그것 정말 무척이나 힘들지? 나도 그게 무척이나 힘들더군. 그렇지만 어디 한번 노력해 보게나. 그것만 빼면 자네는 나무랄 데가 없는 친구야" 하고 말해 주면 오히려 그 부하직원은 고마워하며 자신의 지각을 부끄럽게 느낄 것이다.

누군가의 문제점을 지적해 준다는 것은 그 사람을 올바르게 변화시키려는 것이지, 두 사람 사이에 감정의 벽을 쌓자는 것이 아닐 것이다. 따라서 상대를 나무라거나 훈계할 때에는 될 수 있는 대로 이처럼 듣기 좋은 말을 사용해서 상대의 기분을 상하지 않게 하는 것이 좋다.

누구나 호감형 인간이 될 수 있다

•
•

처음 만났을 때 자신도 모르게 호감이 가는 사람이 있을 것이다. 이런 사람에게는 자연스럽게 호의를 베풀게 되고, 이것이 선순환으로 이어져 좋은 관계를 유지할 수 있게 되지만 반대의 경우라면 좋은 관계를 만들기가 쉽지 않다. 그렇다면 상대에게 호감을 주는 사람이 되기 위해서는 어떻게 해야 할까?

첫째, 좋은 인상을 만들자.

외모가 출중하지는 않지만 처음 만났을 때 자기도 모르게 호감이 가는 사람이 있다. 바로 좋은 인상을 가진 사람이다. 좋은 인상을 가진 사람은 상대에게 호감을 줌으로써 자신에 대한 긍정적인 반응을 이끌어 내기가 훨씬 수월하다. 그리고 좋은 인상이란 타고날 수도 있지만 노력을 통해 충분히 만들 수 있다.

사업총괄을 맡고 있는 김상중 이사는 사업제휴나 새로운 상품, 서비스 개발을 위해 타 업체와의 미팅이 잦은 편이다. 그런데 다소 차갑고 날카로운 인상 때문에 타 업체 관계자들이 자신과 대화를 나눌 때 굉장히 조심스러워한다는 것을 알게 되었다. 딱딱한 분위기속에 대화가 진행되면서 쉽게 협의할 수 있는 부분도 상당히 많은 이야기들이 오가야 한다는 점에 문제를 느낀 김 이사는 큰 결심을 했다. 바로 직장생활을 시작하면서 한 번도 바꾸지 않았던 헤어스타일에 변화를 준 것이다. 처음에는 파마를 한 머리가 너무 어색하게 느껴져 주위 사람들이 자신의 머리를 보며 놀라워할 때마다 얼굴이 화끈거렸지만 차가워 보이는 인상이 훨씬 부드러워졌다는 말을 들으면서 조금씩 자신감을 갖게 되었고, 사업 관련 미팅을 할 때 예전과 달리 훨씬 부드러워진 분위기 속에 더 좋은 성과를 낼 수 있었다고 한다.

이처럼 좋은 인상을 만들기 위해 필요한 것으로 표정도 빼놓을 수 없다. 언제나 미소 짓고 있는 모습은 자신은 물론 상대방도 기분 좋게 만든다. 미소 짓는 표정을 습관화하면 인상이 아주 좋아진다고 한다. 틈날 때마다 거울을 보며 미소 짓는 연습을 한다면 어느 순간 자신도 모르게 인상이 좋다는 이야기를 들을 수 있을 것이다. 이와 반대로 짜증을 자주 내면 미간과 코 옆에 짙은 주름이 생기면서 나쁜 인상을 만들게 되므로 표정관리에 특히 신경을 쓰는 것이 좋다. 표정뿐만 아니라 때와 장소에 맞게 의상 등을 갖추는 것도 좋은 인상을 만드는 요소에 해당된다.

좋은 인상을 주기 위한 자신만의 노하우를 만드는 것도 좋다. 조민아 과장은 외부미팅을 할 때 초콜릿이나 사탕 등 작은 선물을 준비하거나 명함에 재미있는 캐릭터 스티커를 붙여 차별화된 인상을 전달한다. 처음 어색했던 분위기가 초콜릿이나 사탕을 먹으면서, 또는 명함에 붙여진 스티커를 소재로 웃으며 이야기가 시작되면서 분위기를 좋게 만들고 결과적으로 자신의 이미지를 좋게 만드는 결과를 얻을 수 있었다.

둘째, 타인의 장점을 벤치마킹하여 내 것으로 만들자.

첫인상이 왠지 모르게 호감이 가는 사람이 있다면 그 사람의 말과 행동을 유심히 관찰하여 무엇이 그렇게 자신의 마음을 사로잡는지에 대해 생각해 보자. 대개는 여러 가지 장점이 한데 어우러져 있는 경우가 많지만, 예를 들면 다음과 같은 것들이 있을 것이다.

산뜻한 외모, 부드러운 태도, 단정한 옷차림, 듣기 좋은 목소리, 여유롭고 밝은 표정, 유창한 말솜씨 등……

그 사람에게서 이런 것들을 발견해 냈으면 일단 따라 해 보자. 자신의 좋은 점까지 버리면서 무조건 따라 하라는 말은 아니다. 자신의 장점 위에 더 좋은 것들을 첨가한다는 생각으로 벤치마킹하면 된다.

그리고 모든 사람으로부터 인정받고 있는 사람을 만나면 그 사람을 주의 깊게 관찰해 보자. 웃어른을 대할 때는 어떠한 태도와 말씨로 대하고 있고, 자기와 지위가 비슷한 사람과는 어떻게 교제하고 있으며, 자기보다 지위가 낮은 사람은 어떻게 대하고 있는가를 유심히 살펴보는 것이다.

호감을 살 수 있는 몸가짐은 실제로 이렇게 모방을 계속하는 동안에 반드시 몸에 익혀지게 된다. 그것은 자기 자신을 돌아보면 금방 알 수 있다. 지금 당신의 행동이나 사고방식 가운데 적어도 절반 이상은 모방에서 비롯된 것이다.

사람은 평소에 자주 대화를 나누고 있는 상대방의 분위기, 태도, 장점이나 단점뿐만 아니라 사고방식까지도 무의식중에 받아들이게 된다. 따라서 훌륭한 사람들과 사귀게 되면 자기도 모르는 사이에 그들과 비슷하게 된다. 거기에 집중력과 관찰력이 더해지면 그들과 대등하게까지 될 수 있다.

셋째, 좋지 않은 말씨로 자신의 인격을 깎아내리지 말자.

평소에 사용하는 말 한마디는 그 사람의 인격을 가늠하는 척도가 된다. 다리가 불편한 장애인을 보고 절뚝발이라고 부른다든가, 상대방이 조금만 실수하면 별의별 상스런 욕을 입에 담는다든가, 자기보다 못하다고 생각되는 사람을 보면 마구 놀려댄다든가 하는 좋지 못한 언어 습관을 가진 사람이 있다. 이런 행위는 도덕적으로도 문제가 되지만, 자신의 인격을 스스로 깎아내리는 무례한 행위이므로 삼가는 것이 좋다.

넷째, 사소한 버릇으로 자신에 대한 평가를 깎아내리지 말자.

이야기 도중에 자꾸 코에 손을 대거나 머리를 긁적이거나 발을 톡톡 턴다거나 모자를 만지작거리는 사람이 있는데, 이런 모습을 보고 있노라면 어딘지 모르게 경망스럽고 침착성이 없어 보인다. 따라서 이런 버릇이 있다면 하루빨리 고치는 것이 좋다.

다섯째, 인사를 생활화하자.

신입사원이 들어오면 당부하는 말이 있다. 바로 '인사를 잘하는 사람'이 되라는 것이다. 어찌 보면 대단히 쉽고 평범한 행동이라고 볼 수 있지만 적극적으로 인사하기란 생각보다 쉽지 않다. 특히 낯선 환경에 새로 들어와 직장동료들과의 관계가 아직 어색할 경우라면 더욱 그렇다.

언젠가 업무제휴 건으로 한 기업을 방문한 적이 있다. 외관으로 보기에는 다른 기업과 크게 다를 것이 없는데 입구에 들어서는 순간 '이 기업은 다른 기업과 차이가 있구나' 하는 생각이 들었다. 나와 눈이 마주친 직원들 모두가 밝은 미소를 지으며 "안녕하세요?" 하고 인사를 했기 때문이다. 직원들의 인사를 받으며 나도 모르게 환한 미소가 지어졌고, 긍정적인 느낌으로 기업을 대하니 기업 분위기나 사업 운영 등이 모두 좋게 평가되었다. 직원들의 인사 습관이 기업에까지 좋은 영향을 주고 있었던 것이다.

"안녕하세요?" "감사합니다" "반갑습니다" 등의 인사들은 자신을 적극적이고 밝은 사람으로 만들어 주는 큰 힘을 갖고 있다.

Part 5

선택과 집중

하루에, 한 걸음,
한 계단, 더 높이

"

다른 사람이 가져오는 변화나 더 좋은 시기를 기다리기만 한다면
결국 변화는 오지 않을 것이다.
우리 자신이 바로 우리가 기다리던 사람들이다.
우리 자신이 바로 우리가 찾는 변화다.

— 버락 오바마

"

당신은
핵심인재입니까?

·

식당에서 한 직장인들의 이야기를 듣게 된 적이 있다. 30대 중반의 남성이 "집안에 일이 생겨서 한 일주일 정도 부산에 내려가 봐야 할 것 같은데, 내가 자리를 비우면 우리 팀 업무에 차질이 생길 것 같아 걱정이야" 하고 말하자, 옆자리에 앉은 동료가 "참 걱정할 일도 없네. 박 과장, 당신 없으면 팀이 잘 안 돌아갈 것 같지? 안 그래. 박 과장 없어도 회사는 잘 돌아간다고. 조직이란 다 그런 거야" 하고 말하는 것이었다.

두 사람이 나누는 이야기를 들으며 약간의 씁쓸함이 느껴졌다. 물론 옆 동료의 말이 잘못된 것은 아니다. 당장 내일 회사를 그만둔다고 해도 인력 공백에 따른 문제는 생길 수 있지만 회사가 멈추지는 않는다. 하지만 씁쓸함이 느껴졌던 이유는 자신을 단지 조직의 한 부품으로 여기는 그 생각이 안타깝게 느껴졌기 때문이다. 그런 마음으로 회사를 다닌다면 과연 회사에서 어느 정도까지의 역할을 맡을 수 있을까? 한편으로는 직장인들에게 "당신은 핵심인재입니까?"라고 질문한다면 과연 어떤 대답이 나올지 궁금해졌다.

어떤 직원을 핵심인재라 부르는가에 대해 사람들은 일반적으로 '전문지식 및 기술을 보유하고, 회사의 존속에 반드시 필요한 인재'라고 말한다. 조직의 성과에 기여를 하면서 어떤 자리에 있더라도 뛰어난 성과를 이끌어내고 다른 직원들에게도 큰 영향력을 발휘해 팀의 성과까지 함께 끌어올릴 수 있는 인재를 떠올리면 대다수는 '내가 과연 핵심인재가 될 수 있을까?'라는 의문을 품겠지만, 성공하는 직장인이 되고 싶다면 한 번쯤 꼭 생각해 볼 필요가 있다.

핵심인재가 되기 위해서는 먼저 조직 내에 나의 위치는 어떠한지 분석해 보고 자신이 맡은 역할에서 어떤 강점을 갖고 있는지, 그리고 그 강점을 어떻게 키워 나갈 것인지를 지속적으로 탐구하는 노력이 필요하다. 또한 사내에서 핵심인재로 평가받고 있는 직원들을 꼼꼼하게 살펴보고 벤치마킹하는 것도 하나의 방법이 될 수 있다. 그러한 노력을 지속적으로 하다 보면 자신이 발전해 나가고 있음을 느낄 수 있을 것이며, 주위 사람들에게도 점차 인정받을 수 있게 될 것이다.

당신의 라이벌은
누구인가?

•

•

후기 인상주의의 대표적인 화가로 손꼽히는 반 고흐와 폴 고갱은 진한 우정을 나누는 사이인 동시에 라이벌 관계이기도 했다. 두 화가의 성격과 창작 방식은 대조적이었지만 서로의 작품에 큰 영향을 주었고 그 결과 두 화가 모두 걸작을 탄생시킬 수 있었다.

우리는 알게 모르게 수많은 경쟁 속에서 살고 있다. 우리는 직장에서 능력 있는 인재로 인정받기 위해 경쟁을 한다. 바쁜 출퇴근 시간, 수없이 많은 인파 속에서 지하철이나 버스를 놓치지 않기 위해 뛰는 것도 하나의 경쟁으로 볼 수 있다.

그런데 하루에도 몇 번씩 겪게 되는 크고 작은 경쟁 속에서 '나의 라이벌은 누구인가?'에 대한 생각은 가지지 못하고 살아가는 경우가 많다. 많은 이들이 바쁜 생활 속에서 라이벌에 대해 생각하는 것은 중요하지 않다고 생각하기 때문이다. 한 번쯤은 자신의 라이벌이 누구인지 그리고 자신은 상대에게 어떤 라이벌로 인식되고 있는지를 생각해 보는 시간을 가져보면 어떨까?

새로운 상품을 기획하거나 마케팅 전략을 짤 때 반드시 빼놓지 않고 살펴보는 것이 바로 경쟁사의 현황이다. 경쟁사의 상품과 비교해볼 때 자사의 상품이 어떤 장점을 갖고 있는지 그리고 경쟁사의 마케팅 전략은 어떠한 것인지 또한 그에 적절히 대응할 수 있는 상품이나 마케팅 전략을 어떻게 수립할 수 있는지에 대해 꼼꼼하게 따져봐야만 경쟁력을 가질 수 있기 때문이다.

우리도 이와 같다. 지금보다 더 우수한 인재가 되고 싶다면 라이벌과 비교해 나는 어떠한가를 먼저 생각해 볼 필요가 있다. 라이벌을 떠올리면 왠지 모르게 스트레스를 받는다는 사람도 있을 수 있다. '○○ 과장 때문에 번번이 내 성과를 제대로 인정받지 못한단 말이야' 혹은 '○○ 대리와 함께 프로젝트를 진행했는데 왜 칭찬은 항상 ○○ 대리가 받는 거야' 등 스트레스를 받은 사연들이 주위에서 들려온다. 그래서 라이벌 없는 무경쟁 사회에서 살고 싶다고 말하는 사람도 있을 수 있겠지만 진정으로 자신을 발전시키고 싶다면 라이벌만큼 소중한 존재도 없다.

현재 직장에서 자신과 경쟁할 라이벌이 없다면 이것은 좋은 것이 아니라 경계해야 할 상황이다. 라이벌이 없기 때문에 자칫 자만심에 빠질 수도 있고 또 비교 대상이 없어 '적당히 하면 되지'라는 안일한 생각을 할 수도 있기 때문이다.

자신의 라이벌이 누구인지 떠올려 보자. 사내 라이벌도 좋고 경쟁사나 주위에서 라이벌을 찾는 것도 좋다. 라이벌이 있다면 자신의 라이벌보다 앞서 나가기 위해 무엇을 어떻게 해야 할지 생각해 보자. 여기서 주의해야 할 것은 라이벌보다 앞서 나간다는 것은 라이벌을 흠집 내어 끌어내리는 것이 아니라 그보다 더 뛰어난 역량을 보여준다는 것이다.

라이벌을 자신이 발전하기 위한 동력으로 삼는다면 직장생활에서 받는 스트레스도 줄이고 더 큰 성취감을 얻을 수 있을 것이다.

CEO의 마인드로
일하자

·
·

한 마을이 있었다. 그 마을 사람들은 공동으로 농사를 지어 농사를 통해 얻은 수익을 모두 똑같이 나누어 가졌다. 농사가 잘되면 모두가 갖게 되는 수익이 그만큼 많아질 것이기에 처음에는 모두가 열심히 농사일을 할 것이라고 생각했다. 그런데 시간이 지날수록 기대했던 것과 반대되는 반응들이 나타났다. '열심히 해봐야 모두 똑같이 나눠 갖는데 내가 왜 열심히 일해야 하지?' '다들 열심히 일하니까 나 하나쯤은 빠져도 문제없을 거야' 이런 생각들을 하며 하나둘씩 농사일에 소홀해지고 만 것이다.

직장생활을 하면서 "CEO의 마인드를 갖고 일하라"라는 말을 한 번쯤 들어보았을 것이다. CEO의 마인드로 일하는 것이 중요한 이유는 바로 공동으로 짓는 농사일에 하나둘씩 소홀해지기 시작한 것처럼 여럿이 함께 움직이는 조직생활 속에서 '나 하나쯤 어때?' 하는 생각이 쉽게 자리 잡기 때문이다.

　단순히 기업에 고용되어 먹고살기 위해 어쩔 수 없이 일한다고 생각하면 회사 일은 고통스럽고 짜증스러운 일이 될 수밖에 없다. 또한 '월급은 쥐꼬리만큼 주면서 시키는 일은 왜 이렇게 많은 거야' 하며 불평불만이 쌓이게 되고, 그런 불평불만 속에서 한 회사를 오래 다니지 못해 직장을 계속 옮겨야 하는 악순환이 일어나게 되는 것이다.

　하지만 CEO의 마인드를 갖고 일하게 되면 상황은 달라진다. '내가 맡은 분야의 CEO는 바로 나'라는 생각은 일에 대한 자세부터 바꿔 놓는다. 하나라도 소홀히 할 수 없고, 보완해야 할 부분은 없는지, 또 어떻게 하면 일을 더 효율적으로 수행할 수 있을지 계속해서 연구하고 발전하게 된다. 여기에 자신의 목표를 분명히 갖게 되면서 언제 어느 자리에서든 인정받을 수 있는 핵심인재로 자리 잡을 수 있게 된다.

　매월 받는 봉급에 만족하며 사는 봉급쟁이로 사회생활을 끝내고 싶지 않다면 회사를 위해서가 아니라 나 자신을 위해 CEO의 마인드로 일할 줄 아는 직원으로 거듭나는 것에 주저하지 말자.

적당주의를
경계하자

•

•

업무를 할 때 가장 조심해야 할 것은 무엇일까? 바로 '적당히 하면 되지'라는 적당주의다. 어떤 일이든 손에 익어 능숙하게 되면 자신도 모르게 그 일에 대한 자신감이 생겨 적당히 해도 괜찮다는 생각을 하게 된다. 하지만 이런 적당주의적 태도는 예상치 못한 문제를 불러일으킬 수 있기 때문에 항상 경계해야 한다.

F사의 솔루션 사업팀에 근무하는 박윤성 과장 역시 '그까짓 거 적당히 하자' 하는 생각으로 제안 PT를 준비했다가 큰 곤혹을 치렀다. 프로젝트 규모가 작았기에 늦게까지 야근을 하며 PT 자료를 새로 준비하기가 싫었던 박 과장은 '어차피 작은 프로젝트니깐 기존 자료에 적당히 예산 규모와 기간만 조정해 넣으면 되지 뭐' 하는 생각으로 기존 자료에 약간의 수정을 가했다. 그리고 PT 당일 사업 제안 PT를 진

행하다가 박 과장은 깜짝 놀랐다. 타사에 제안했던 자료에 수정을 가한 것이라 PT 중 타 기업명과 로고가 제대로 다 바뀌지 않고 그대로 노출이 된 것이다. 제안을 받았던 기업은 PT 자료만 보아도 어떻게 일을 할지 짐작이 간다며 불쾌한 심기를 감추지 않았고, 결국 제안 PT는 어수선한 분위기 속에서 마무리되었다. '좀 더 신경 써서 제대로 할걸' 하며 후회를 했지만 이미 PT를 망친 후였다.

이러한 일은 박 과장의 문제만이 아니다. 시간 절약 차원에서, 또는 그렇게까지 중요한 일이 아니라는 생각에 박 과장처럼 기존 자료에 약간의 수정만 해서 문서작성을 하거나 기안을 제출했던 적이 누구나 한두 번씩은 있을 것이다. 물론 그것이 안 좋은 것만은 아니지만, 어떨 때는 회사 매출에 영향을 줄 만큼 중요 사안이 될 수도 있다는 점에서 어떤 일을 하든 그것이 제대로 잘 처리되고 있는지 점검해 보는 자세가 필요하다.

'늘 해오던 거니까 이 정도면 되겠지' 하는 생각은 경계하고 '적당히 대충이란 없다'는 생각으로 자신이 맡은 모든 일에 충실할 수 있다면 언제 어디서든 두각을 나타내는 인재가 될 수 있을 것이다.

디테일의
중요성

•
•

U기업에서는 얼마 전 사외 행사를 진행하면서 예상치 못한 문제로 진땀을 뺐다. 행사에 참여한 고객을 대상으로 선착순 100명에게 사은품을 제공하기로 했는데 행사 안내가 진행되는 과정에서 선착순 100명이라는 문구가 누락되었고, 선착순 안에 들지 못한 고객들이 사전에 그런 내용을 공지받지 못했다며 항의했던 것이다. 결국 U기업은 행사에 참여한 모든 고객에게 사은품을 제공하겠다고 밝히며 문제를 해결했다. 그리고 행사 진행을 담당한 직원은 이 일로 인해 업무처리를 제대로 못 한다는 평가를 받게 되었다. 담당자 입장에서는 한 달 가까이 주말에도 출근하며 준비했던 행사가 단지 사은품 하나 때문에 안 좋은 소리를 듣게 되어 속이 상했지만 자신의 잘못도 있었기에 속앓이만 할 수밖에 없었다.

행사를 진행하는 데 있어 전체적으로 보면 사은품 지급 문제는 작은 실수라고 볼 수 있다. 하지만 이로 인해 고객이 불만을 갖게 되었고, 기업의 입장에서 보자면 이는 행사의 성패를 결정짓는 매우 큰 문제라고 볼 수 있을 것이다.

직장생활을 하다 보면 U기업의 사례처럼 작은 부분을 간과하거나 실수하게 되어 문제가 생기는 일을 어렵지 않게 찾아볼 수 있다. 처리해야 할 업무가 한두 가지도 아니고 많은 업무를 하다 보면 어쩔 수 없는 일이라고 말하는 사람도 있을 수 있지만 디테일의 중요성에 대해 공감한다면 더 이상의 이견을 내기란 쉽지 않을 것이다.

밤잠도 제대로 못 자며 공을 들여 작성한 기획서인데 오타 하나로 지적을 받게 되거나 또는 '이 정도야 뭐 어때' 하며 처리했는데 예상치 못한 문제가 생기게 되었다면 그것처럼 속이 상하는 일도 없다. 디테일을 놓쳐 입게 되는 손해는 생각보다 크다. 앞에서 사례로 든 U기업만 보더라도 사은품 하나 때문에 행사 진행을 맡았던 담당자는 상사로부터 쓴소리를 들어야 했고, U기업의 이미지에도 좋지 않은 영향이 가게 되었다.

아무리 잘해도 한 가지를 못하게 되면 그 한 가지가 두드러져 보여서 잘해 왔던 일도 평가절하를 받게 되는 일이 적지 않다. 큰 것을 잘하는 것도 중요하지만 작은 것을 놓치지 않는 것도 그에 못지않게 중요하다는 것을 잊지 말자.

업무 다이어트로
경쟁력을 높이자

•

우승환 씨는 최근 15kg 감량에 성공해 즐거운 나날을 보내고 있다. 몸이 가벼워지면서 피로감이 크게 줄어들어 일상생활을 활동적으로 할 수 있게 되었기 때문이다. 여기에 주위 사람들에게 칭찬까지 받다 보니 자기관리에 좀 더 신경을 쓰게 되고 삶에 대한 만족도가 높아졌다고 한다.

우승환 씨의 사례가 아니더라도 다이어트의 장점은 잘 알고 있을 것이다. 그런데 찾아보면 체중뿐 아니라 업무에도 다이어트가 필요할 때가 있다. 필요 이상으로 많은 음식을 먹게 되면 음식물이 에너지로 소비되지 못하고 체지방으로 바뀌어 살이 찌는 것처럼 불필요한 업무에 지나치게 많은 시간과 노력을 쏟게 되면 원활한 업무 진행에 어려움을 겪을 수 있다.

멋진 몸매를 만들거나 건강을 위해 다이어트를 하는 것처럼 업무효율 향상과 자신의 업무 경쟁력 강화를 위해 업무 다이어트에 도전해 보는 건 어떨까? 지금 맡아서 하고 있는 일들이 모두 중요한 일이라 뺄 것이 없다고 말하는 사람도 있을 것이다. 하지만 잘 살펴보면 중요도가 크지 않은 일들이 빠르게 처리해야 하는 일들과 뒤섞여 업무효율을 높이지 못하는 경우를 어렵지 않게 찾아볼 수 있다.

우리 에듀윌은 업무효율을 높이기 위해 '지우잡' 제도를 운영하고 있다. 그동안 으레 하는 것으로 여겨 온 제도나 중요도가 낮은 업무는 과감히 중단하거나 개선함으로써 업무 효율을 극대화하는 것이다. 이러한 '지우잡' 제도 덕분에 직원들도 업무를 진행하며 불필요한 업무는 없는지 다시 한 번 돌아보게 되었고 이를 개선하면서 업무효율을 크게 높일 수 있었다.

업무 다이어트를 하는 방법은 생각보다 간단하다. 직장에서는 보통 월간업무나 주간업무를 미리 짜 두도록 한다. 따라서 미리 짜 둔 월간업무나 주간업무 계획표를 보면서 전체적인 업무를 파악하고 우선순위를 두어 일을 처리하다 보면 불필요한 일들을 크게 줄이면서 자연스럽게 업무 다이어트를 할 수 있게 된다. 그렇게 업무 다이어트를 통해 업무 효율성을 높일 수 있다면 자연스럽게 경쟁력을 갖춘 직장인이 될 수 있을 것이다.

끈기도 없으면서
무슨 성공을 해?

•

•

어떤 일이든 성공에 이르기까지는 많은 어려움을 거치게 된다. 때
로는 가파른 언덕을 올라야 할 때도 있고 비바람 속에 파도치는 바다
를 항해해야 할 때도 있다. 이러한 고비들을 참아내지 못한다면 성공
을 기대하기 어렵다.

캘빈 쿨리지는 다음과 같이 말했다.

"이 세상에 끈기를 대신할 만한 것은 그 어느 것도 없다. 재능도 끈
기를 대신할 수 없다. 세상에는 재능을 가지고도 성공하지 못한 사람
이 너무도 많다. 천재성도 끈기를 대신할 수는 없다. 능력을 발휘하지
못한 천재에 대한 이야기는 널리 알려져 있다. 교육도 마찬가지다. 이
세상은 이미 교육받은 낙오자들로 꽉 차 있다. 끈기와 결심, 그리고
열심히 일하는 것이야말로 성공에 이르는 지름길이다."

몇 번을 넘어졌든 간에, 넘어졌을 때 한 번만 더 일어날 수 있는 끈기만 있다면 인생에서 성공할 수 있다.

한 건설회사 사장이 수백억 원을 날리고 완전히 파산한 후에 이런 말을 했다고 한다.

"돈을 잃는다는 것은 무척이나 가슴 아픈 일이다. 그러나 그보다 더 염려가 되는 것은 '내가 이 일에 실패했기 때문에 또 다른 사업을 하게 될 때도 두려움이 생기지나 않을까?' 하는 것이다. 내가 만약 다른 일을 시작함에 있어 두려움을 느끼게 된다면 그때의 손실이란 수십 배로 가중될 것이기 때문이다."

그렇다. 어떤 한 가지 일에 실패했다 하여 다른 일까지 연관시켜서 '그것도 할 수 없을 것이다'라고 생각하며 자신감을 잃는 것이야말로 크나큰 손실이 아닐 수 없다.

실패란 곧 끈기 있게 견뎌내지 못하는 것을 의미한다. 일을 하고 있는 동안 자기 자신을 신뢰하고 그 일에 충실히 임한다면 성공은 눈앞에 찾아오게 되어 있다.

실패보다
더 무서운 것은?

·
·

세상에서 '실패에 대한 공포'만큼 우리를 파멸로 몰고 가는 것은 없다. 이처럼 무서운 힘을 발휘하는 두려움을 마음속에서 추방하자. 그 두려움이 자신을 지배하기 전에 자신이 먼저 그것을 추방하도록 하자.

어떤 일에 실패했다고 해서 인생이 끝난 것은 아니다. 어떤 사람들은 실패의 기억을 다른 일에까지 연결시켜 미리 실패를 점치며 자신감을 잃곤 하는데 이는 어리석은 일이 아닐 수 없다.

과거의 실패에 얽매인 나머지, '나는 무슨 일을 해도 실패할 것이다'라는 부정적인 생각을 품고 있으면 아무리 분명하고 치밀한 목표와 계획을 세운다고 해도 결과는 부정적으로 되기 쉽다. 반대로, 과거에 자신이 잘했던 일, 크건 작건 자신이 멋지게 해낸 일을 생각하면서

'나는 무엇을 하건 그렇게 멋지게 해낼 자신이 있다'는 긍정적인 기대를 가지고 목표를 세워 나가면 그러한 긍정적인 기대는 반드시 현실로 나타나게 된다는 사실을 명심하자.

에머슨은 이렇게 말했다.

"오늘의 일은 오늘 해와 함께 그치게 하라. 당신은 일하는 동안에 때로는 실패나 과오도 있을 것이다. 이것을 될 수 있는 대로 빨리 벗어나라. 내일은 새로운 하루가 시작된다. 마음을 일신하여 지난날의 악몽에 얽매여서 괴로워하지 않는 높은 정신을 가지고 새날을 맞이하라."

실패에 대한 이러한 태도는 오늘을 살아가는 우리에게 새로운 활력소를 제공해 줄 것이다.

우리가 어떤 실패를 치명적인 것으로 간주하면 실제로 우리는 재기 불능의 상태에 빠지게 된다. 그러나 그것을 소중한 재산으로 여기면 오히려 재기의 발판이 된다는 점을 명심하자. 자전거를 배울 때 넘어지는 것을 두려워하는 사람은 결코 자전거를 배울 수 없게 되는 것과 마찬가지이다. 소극적 사고방식의 소유자는 '중단과 정지의 힘'을 가지고 있는 반면, 적극적 사고방식의 소유자는 '시작과 출발의 힘'을 가지고 있다.

우리 삶에 있어 완전한 실패란 없다. 언제든지 용기와 열정을 다시 마음속에 불어넣을 수 있다면 그 절망 또한 한낱 과정에 불과하다.

모든 능력 중 가장 중요한 것은 '긍정'과 '인내'가 아닐까? 주저앉았어도 바지 한 번 툭툭 털고 일어서는 담대함을 가슴에 품어보자.

사람이 회사다,
인생이 경영이다

●

●

　엄청난 몸값을 자랑하는 유명 연예인이나 고소득 전문 직업인을 '걸어다니는 중소기업'이라고 이야기한다. 평범한 삶을 살고 있다고 생각하는 우리도 성공적인 삶을 살고 싶다면 스스로를 '1인 기업'이라고 생각하고 경영할 줄 알아야 한다.

　스스로를 경영한다는 말이 어렵게 느껴질 수 있다. 또 하루하루 생활하기도 바쁜데 무슨 경영이냐며 이의를 제기할 수도 있을 것이다. 나 스스로를 경영한다는 것은 생각보다 어렵지 않다. 잘 먹고 잘 살기 위해 지금 내가 하는 노력들이 모두 자기 경영에 속한다고 볼 수 있다. 다만 중구난방으로 노력을 하는 것보다 큰 시너지를 내기 위해 내가 하고 있는 노력들을 체계적으로 관리하는 것이 자기 경영의 핵심이라고 볼 수 있을 것이다.

　기업의 운영 시스템을 한번 생각해 보자. 기업은 이윤을 창출하기 위해 장·단기적 전략을 수립하고 조직의 각 팀들이 효율적으로 운영될 수 있도록 관리한다. 자기 경영도 같은 맥락에서 생각해 볼 수 있을 것이다. 이윤 창출을 목표로 삼고 그것을 위해 무엇을 해야 하는가를 생각한다면 조금씩 자신의 삶을 계획적으로 생각해 볼 수 있게 된다.

　예를 들면, 가족·인맥·경력·자산 등을 기업의 각 부서처럼 각각의 영역으로 여겨 어떻게 관리해야 하는가를 생각하고, 기업이 성장해 나가는 것처럼 자신은 어떠한 방식으로 성장해 나갈 것인가를 구체적으로 계획해 볼 수 있을 것이다. 또한 기업이 사업 영역을 확대해 더 큰 이익을 창출하려는 것과 같이 더 큰 이익을 얻기 위해 자신에게 어떤 투자를 해야 할 것인가도 생각해 볼 수 있을 것이다. 이렇게 자신이 CEO라는 생각으로 자기 경영을 하다 보면 스스로가 조금씩 능동적 마인드를 갖고 모든 일에 적극적으로 바뀌게 되는 것을 느낄 수 있다.

　우리가 지금 평범한 삶을 살고 있다고 생각할지 모르지만 결코 그렇지 않다. 하루가 다르게 급변하는 현대사회에서 그저 평범하게 살아가고자 마음먹는 것보다 어리석은 일은 없을지 모른다. 개성이 능력이 되고 삶의 질을 높이는 시대에 '평범함'은 퇴보를 의미한다. 이제는 자신이 내 삶의 CEO임을 자각하고 자기 경영을 실행해야 한다. 그 생각을 빨리 실천할수록 삶의 변화도 빠르게 찾아올 것이다. 오늘보다 내일 더 나은 삶을 살고 싶다면 자기 경영을 시작하자.

하얗게
불태웠어!

•
•

강렬한 정열은 무한한 추진력을 소유하고 있다. 따라서 무슨 일이든지 정열을 가지고 임하도록 하자. 자신이 목표한 바를 달성하기 위해 온갖 노력을 정열적으로 쏟아붓지 않으면 패배의 쓴맛을 볼 수 있다는 사실을 명심하자.

우리 인간은 일정한 형식에 사로잡혀 '변화'를 두려워하는 경향이 있다. 그래서 새로운 변화와 아이디어에 대항하여 우리 자신을 일정한 틀에 묶어 두려고 한다.

'그것은 우리의 회사 방침이 아니다'

'그런 방법으로는 한 번도 성공한 적이 없어'

이런 소극적이고 일반적인 생각 때문에 우리 내면에 자리 잡고 있는 잠재적 정열은 그대로 꺼져 버린 채 되살아나지 못하게 되는 것이다. 정열은 불안과 불신을 모두 제거해 주는 강력한 힘을 지니고 있다. 그래서 정열에 불타오르는 사람을 대하게 되면 누구든지 저절로 그의 말에 수긍하게 된다.

자동차 왕 헨리 포드는 미국 전역을 자기 자동차로 가득 채우리라 결심하고 회사를 설립했지만 얼마 동안 고전을 겪었다. 이때 그는 자동차 값을 대폭 인하하면 성공할 수 있다고 자신했다. 주주들은 강경히 만류했지만 자신감으로 가득 찬 그는 의지를 굽히지 않고 주주들을 설득했고 그 결과 그는 미국뿐만 아니라 전 세계적으로 '자동차 왕'이라는 칭호를 얻었다. 이는 정열이야말로 성공의 열쇠요, 신뢰의 바탕이 된다는 것을 입증한 예라 하겠다.

적극적 사고를 지닌 사람은 '우리는 지금까지 잘해 왔다. 그러나 더 잘해 보자'라고 자신을 격려한다. 따라서 그 어떤 비난이나 비판에도 자신의 정열이 약화되거나 소멸되지 않도록 적극적으로 임할 필요가 있다.

모 대기업의 간부는 이런 말을 했다.
"불평불만을 일삼는 부서는 우리 능력을 제한시키는 부서이다."

지금부터 적극적인 사고와 정열로 삶의 질을 변화시켜 보자.

정신의 밭에 심은 목표,
행동을 수확하다

세상의 모든 업적은 누군가가 자신의 생각을 행동으로 옮긴 결과이다. 이는 누구나가 알고 있는 사실이지만, 문제는 그것을 잘 알면서도 사람들이 자신의 생각을 행동으로 옮기지 않는다는 것에 있다.

그러면 행동을 유발시킬 수 있는 방법은 없을까? 그것은 반복적으로 자신의 목표를 정신에 주입시키는 것, 즉 정신주입으로써 가능하다. 이러한 정신주입은 마음가짐의 변화를 가져오고, 이는 또다시 행동습관의 변화를 가져온다. 그리고 그 행동이 쌓이면 업적이 되는 것이다.

정신주입에 가장 효과적인 방법은 혼잣말이다. 따라서 소중한 꿈이 있다면 자주 혼잣말을 하며 자신의 결심을 굳힐 것을 권한다. 목표를 나타내는 그림을 보면서 하는 혼잣말은 우리의 무의식 속에 잠재된 욕망을 더욱 강화시켜 주는 효과를 발휘한다. 육체의 눈에 새겨진 것은 마음의 눈에 더욱 강하게 새겨지기 때문이다. 유태인의 속담에 "말이 입안에 있을 때는 사람이 말을 지배하지만, 말이 입 밖에 나오면 말이 사람을 지배한다"고 하였다. 따라서 자신이 행동하고자 하는 것을 말로 표현해서 그 말로 하여금 자기 자신을 지배할 수 있도록 만들어야 한다.

자신의 목표가 머릿속에만 머물러 있다면 자칫 공상으로 끝나 버리기가 쉽다. 따라서 마음속에 뚜렷한 목표가 서 있다면 그것을 반드시 상세하게 글로 작성할 것을 권한다. 마음속에 있는 생각을 밖으로 끌어내어 구체적인 문장과 차트로 작성하고, 이를 시각적인 자료로 만들어서 눈에 잘 띄는 곳에 붙여 두도록 하자. 그리고 자주 들여다보면서 마음속의 그림이 흐려지지 않도록 하자.

우리는 성공과 실패를 경험하면서 마음속의 그림도 달라질 것이라고 생각하기 쉬운데, 사실은 그렇지 않다. 그러한 경험이 우리의 마음속 그림을 달라지게 하는 것이 아니라, 마음속 그림이 우리의 경험을 달라지게 하는 것이다. 일단 마음속에 그림이 그려지면 모든 환경과 경험은 그 방향으로 집중되고, 결국 우리의 모습도 그 마음속 그림을 닮아가게 되는 것이다.

노블레스 오블리주,
윗사람은 솔선수범

•
•

　철수 엄마는 늘 철수에게 "철수야, 길을 건널 땐 꼭 신호를 지켜서 횡단보도로 다녀야 해, 알았지?" 하고 당부한다. 그런데 어느 날 철수와 외출을 나온 엄마가 다급하게 철수의 손을 잡더니 "철수야, 지금 차가 없으니 어서 건너자!" 하며 무단횡단을 하는 것이 아닌가. 어리둥절한 철수는, "엄마, 길을 건널 땐 꼭 횡단보도로 다녀야 한다면서 왜 엄마는 그냥 건너요?" 하고 물었다. 그러자 엄마는, "엄마는 어른이니깐 괜찮아. 하지만 너는 아이니깐 엄마랑 다닐 때 외에는 꼭 횡단보도로 다녀야 해" 하고 말했다.

　이런 엄마의 모습을 보며 철수는 횡단보도로 길을 건너야 한다는 공중도덕을 잘 지킬 수 있을까? '엄마도 무단횡단을 하는데 뭐 어때' 하며 자신도 엄마처럼 무단횡단을 할 가능성이 더 높다는 데 이의를 둘 사람은 없을 것이다.

위의 사례처럼 윗사람으로서 아랫사람을 제대로 지도하거나 관리하기 위해서는 바로 나부터 솔선수범하는 자세가 무엇보다 필요하다. 자신은 매번 지각을 하면서 근태관리를 잘하라고 지시하거나, 또는 기안서 작성을 제때 못하면서 부하직원에게 왜 기안서 하나 제대로 작성하지 못하느냐고 꾸짖는다면 "나는 바담 풍風 해도 너는 바람 풍 해라"가 되어 공감을 얻기 어렵다. 공감을 얻기 어려우니 기대한 만큼 효과를 얻지 못하는 것은 당연한 일이라 할 것이다.

H기업 기획팀에서 근무하는 강미라 팀장은 업무를 지시하기 전, 지시하는 업무에 대해 자신이 잘 알고 있는지, 또 그 업무를 해본 적이 있는지 다시 한 번 살펴본다고 한다. 자신이 잘 알고 있어야 효율적으로 업무를 처리할 수 있도록 도와줄 수 있고, 지시받은 업무와 관련해 불만이 나왔을 때 적절하게 대응할 수 있기 때문이다.

아이가 부모를 보고 배우는 것처럼 아랫사람은 윗사람을 보고 배운다. 따라서 아랫사람에게 기대하는 것이 있다면 자신부터 그 기대에 충족될 수 있도록 노력하고 실행해야 한다. 아무리 옳고 좋은 일이라 해도 무작정 강요만 한다면 결국 불만을 살 수밖에 없기 때문이다. '또 시작이네' 하는 불만을 갖게 하는 잔소리보다는 한 번의 솔선수범이 효과가 더 크다는 것을 잊지 말자.

역경은
극복하기 위해 존재한다

•
•

부커 T. 워싱턴은 이렇게 말했다.

"성취의 크기는 당신이 목표를 달성했을 때 극복한 장애물들의 크기에 좌우된다."

큰일을 도모하고자 할 때 역경은 성공의 걸림돌이 아니라 디딤돌이 될 수 있다. 장기적인 목표를 이루기 위해서는 일시적인 장애물쯤은 극복할 수 있어야 한다. 자동차로 멀리 목적지까지 갈 때 모든 신호등이 푸른색이기만을 바란다면 아예 길을 나서지 말아야 할 것이다. 달리다가 빨간 신호등이 켜지면 그곳에 잠시 멈춰 서고, 파란 신호등이 켜지면 다시 힘차게 액셀러레이터를 밟으면서 가면 된다. 우리의 인생도 마찬가지다. 어떠한 목표를 달성하기 위해 나아갈 때 생기는 모든 장애물들을 이런 식으로 처리해 나가다 보면 우리가 바라는 목적지에 도착할 수 있게 되는 것이다.

2차 대전 중에 크라이턴 에이브럼스 장군과 그의 부하들이 적에게 사방팔방으로 완전히 포위를 당한 적이 있는데, 그때 그는 군사들에게 이렇게 말했다.

"제군들이여, 사상 처음으로 우리는 지금 어느 방향으로든 적을 공격할 수 있는 위치에 있게 되었다."

그 결과 에이브럼스 장군은 이 전투에서 살아났을 뿐만 아니라 큰 승리를 거두었다고 한다. 여기서 우리가 배울 수 있는 것은 '상황이 중요한 것이 아니라 그 상황에 대처하는 우리의 반응이 중요하다'는 것이다.

한때 미국의 세계 헤비급 챔피언이었던 진 터니라는 권투선수가 있었다. 그가 처음에 권투를 시작했을 때 그의 두 주먹은 핵 펀치로 통하는 무서운 무기였다. 그런데 1차 대전 중의 프랑스 원정경기에서 그의 두 손이 모두 부러져 버렸다. 그때 의사와 그의 매니저는 세계 챔피언이 되겠다는 그의 꿈은 결코 실현될 수 없을 것이라고 말했다. 하지만 그는 실망하지 않고 자신의 각오를 다졌다.

"펀치로 안 된다면 기술로 챔피언이 되겠다."

그 결과 그는 사각의 링에서 가장 과학적이고 숙련된 스텝을 밟으며 싸운 선수들 가운데 하나가 되었다. 이 기술은 그를 위대한 아웃복서로 성장시켰으며, 그것으로 당시의 세계 헤비급 챔피언이었던 잭 뎀프시를 쓰러뜨리기도 했다. 그때 권투 전문가들은 만일 손이 부러지지 않았더라면 그는 결코 세계 챔피언이 될 수 없었을 것이라고 입을 모았다고 한다. 즉, 자신의 펀치력만 믿고 독특한 스텝을 개발하지 않았더라면 그처럼 훌륭한 기교를 사용하지 못했을 것이고, 세계 헤비급 챔피언도 될 수 없었다는 이야기이다.

이 이야기 속에 담긴 뜻은 명확하다. 우리의 인생 앞에 만일 역경이 주어진다면 우리는 황금기회로 사용할 수 있는 주재료를 얻은 것이 된다는 말이다. 하늘이 무너져도 솟아날 구멍이 있다고 했다. 따라서 인생이 우리에게 어떠한 역경을 안겨준다 하더라도 그에 대해 실망하거나 좌절하지 말고 그것을 하나의 전화위복의 기회로 활용하자.

자기계발
스트레스

•
•

'평생직장'의 개념이 퇴색된 지 이미 오래다. 실제로 국세청에 따르면, 2008년을 기준으로 30년 이상 장기근속자는 0.3%에 불과하다고 한다. 반면 근속연수가 5년 미만인 퇴직자는 전체의 86.7%를 차지했다. '평생직장'의 퇴색은 직장인들에게도 그리 반가운 일은 아니다. 특히 IMF 이후 기업의 상시 구조조정 체제가 자리 잡히기 시작하면서 직장인들은 고단한 직장생활 속에 끊임없이 자신을 계발해 경쟁력을 갖춰야 하는 입장에 놓이게 되었다. '공부하는 직장인'을 의미하는 '샐러던트saladent'가 선택이 아닌 필수로 여겨지고 있는 시대라 해도 과언이 아니다.

대한상공회의소가 '재직근로자 자기계발 현황'을 조사한 결과 67%가 자기계발을 하고 있다고 응답했다. 직장인 3명 중 2명꼴이다. 자신의 이야기가 아니더라도 주위 동료나 후배, 상사들 중 새벽시간이나 퇴근 후 또는 주말 시간을 이용해 외국어 학원을 다니거나 전문 자격증 취득 준비를 하는 경우를 어렵지 않게 찾아볼 수 있을 것이다.

우리 '에듀윌'에서도 공인중개사나 주택관리사, 공무원 시험을 준비하는 수강생들의 현황을 살펴보면 30~40대 직장인들의 비율이 상당히 높다. 대부분 고용불안이 심화되면서 노후대비 차원에서, 또는 전직을 위해 전문 자격을 취득하려고 하기 때문이다.

이러한 상황 속에서 '자기계발 스트레스'나 '자기계발 강박증'에 시달리는 직장인들도 적지 않다. 직장에서의 생존을 위해 자기계발을 해야 한다는 강박관념에 사로잡혀 자기계발을 하고 있어도 불안감을 느끼거나 무리한 자기계발 계획을 세워 시작도 하기 전에 지쳐 버리는 경우가 많다. '자기계발'을 '직장 내 생존을 위한 필수조건'이라고만 생각한다면 언제까지나 스트레스로 느껴질 수밖에 없다.

'자기계발'의 본래 의미는 '슬기나 재능, 사상 따위를 일깨워 줌'이라는 뜻으로 좋은 기회가 왔을 때 그것을 잡을 수 있는 능력을 키운다는 의미다. '남들이 다 하니까' 또는 '뭐든 안 하면 뒤처질 것 같아서'라는 생각으로 하는 자기계발은 결국 '밑 빠진 독에 물 붓기'밖에 되지 않는다. '시작이 반'이라는 말도 있긴 하지만 자기계발을 시작하기 전에 자신을 먼저 통찰할 수 있는 여유를 가져 보자.

'약점 보완'과 '강점 강화' 중
당신의 선택은?

•
•

"한 농부에게 두 마리의 닭이 있었다. 한 마리는 건강하게 잘 자랐지만 다른 한 마리는 늘 비실비실했다. 그래서 농부는 쇠약한 닭을 어떻게 잘 키울 수 있을까 고민하다 건강한 닭을 잡아서 죽을 끓여 병약한 닭에게 먹이기로 했다."

「어리석은 농부」라는 제목으로 『탈무드』에 나오는 이야기다.

미국의 경영학자 피터 드러커는 이렇게 말했다.

"자신의 약점을 보완해 봐야 평균밖에 되지 않는다. 차라리 그 시간에 자신의 강점을 발견하여 이를 특화시켜 나가는 것이 21세기를 살아가는 지혜이다."

이 두 이야기를 종합해 보면 약점을 보완하느라 시간과 노력을 기울이기보다는 강점을 제대로 알고 이것을 강화하기 위해 노력해야 함을 알 수 있다. 그렇다면 직장인의 자기계발도 약점을 보완하기보다는 강점을 키우는 데 집중하는 것이 더욱 효과적인 것일까?

A기업에서 해외영업을 맡고 있는 김진모 부장은 대학을 해외에서 나온 유학파로 원어민에 가까운 영어구사력을 갖고 있지만 프로젝트나 계약 체결을 위한 협상 능력은 부족해 성과를 크게 내지 못하고 있다.

이런 경우, 지금 당장 김 부장에게 필요한 것은 자신이 잘하는 회화능력을 더욱 높여 고급영어를 구사하는 것이 아니라 인간관계와 협상을 위한 비즈니스 능력일 것이다. 다시 말해 자신에게 지금 필요한 것이 무엇인지를 정확히 알고 그에 맞는 노력을 기울여야 원하는 효과를 얻을 수 있다는 것이다.

직장인이라면 누구나 자기계발의 필요성을 느끼고 있으며, 자신을 한 단계 높이기 위한 방법을 찾는다. 이때 자신의 취약점을 보완할 것인가, 아니면 강점을 키우는 데 집중하여 경쟁력을 더욱 높일 것인가를 고민해야 한다. 일반적으로는 "약점을 보완하기보다는 강점을 강화하라"고 말하고 있지만 앞의 예시에서처럼 이것이 모두에게 정답이 될 수는 없다.

모든 걸 다 잘하는 사람은 없다. 약점이 있다면 그와 다르게 강점이 있게 마련이며, 약점을 보완할 것인가 강점을 강화할 것인가는 전적으로 자신의 몫일 수밖에 없다. 어떠한 선택이든 그것이 노력 대비 큰 성과를 거둘 수 있기를 바란다.

Part 6

리더와 비전

리더는 무엇으로 완성되는가

"

유능한 리더는 사랑받는 사람이 아니다.
그는 그를 따르는 사람들이, 올바른 일을 하도록 하는 사람이다.
인기는 리더십이 아니다. 리더십은 성과다.

– 피터 드러커

"

성공이란
무엇인가?

•
•

많은 이들이 크게 성공한 사람들을 보면서 이렇게들 말하곤 한다.
"그들은 특별한 사람들일 거야!"

그렇다. 틀림없이 그들은 모두 특별한 사람들이다. 그런데 당신도
성공의 대가가 무엇인지를 깨닫고 그 대가를 지불한다면 당신 역시
특별한 사람이 될 수 있다.

그럼 성공이란 무엇일까? 한때 자유기고가로 세계에서 가장 많은
돈을 벌었던 배드 퍼셔라는 사람은 성공에 대해 이렇게 말했다.

"세상 사람들은 바라는 바가 각자 다르다. 정치인이 되고 싶은 사
람, 거액의 돈을 벌어서 여생을 편안하게 보내고 싶은 사람, 세계적으
로 이름난 예술가나 운동선수가 되고 싶은 사람 등 아무튼 바라는 바
가 어떤 것이든 자기가 구하는 것을 얻게 되는 것이 바로 성공이다."

그렇다. 얼마나 성공하였는가는 사회적인 지위나 명성, 재산, 소득 수준 등으로 따지는 것이 아니라 자기 자신의 가치관과 비전에 얼마나 근접해 갔느냐는 것으로 평가해야 한다.

당신의 목표는 당신의 야심을 측정하는 잣대이다. 훌륭하고 가치 있는 일을 하면 돈과 명예, 지위는 자연스럽게 따라온다. 따라서 가치 있는 목적을 선택하고 그 목적을 달성하는 데 필요한 대가를 지불하도록 부단히 노력해야 한다.

단지 직장에서 봉급을 받기 위한 생각만으로 일한다면 그런대로 봉급은 받게 되겠지만 그 액수는 그리 많지 않을 것이다. 그러나 회사의 발전을 위해 일한다면 틀림없이 다른 사람들보다 더 많은 액수의 봉급을 받게 될 것이다. 그뿐만 아니라 승진도 보너스로 따르게 될 것이다.

이처럼 우리가 정신자세를 어떻게 가지느냐에 따라 그 결과는 커다란 차이가 난다. 이것이 우리가 살고 있는 세상에서 벌어지고 있는 인생 법칙이다. 우리가 그 법칙을 임의로 변경할 수는 없다. 오로지 그 법칙을 잘 익혀서 우리의 능력을 최대한 발휘해야만 하는 것이다.

단체의 지도자가
되는 길

•

•

　만일 한 단체의 지도자가 되고 싶다면, 우선 자신이 속해 있는 곳의 문제점이 무엇인가부터 찾아내는 것이 최우선이다. 리더가 될 사람은 앞으로 닥칠 문제들이 무엇인가를 남보다 먼저 발견할 수 있는 특별한 안목이 있어야 한다. 리더가 될 사람들은 발생 가능한 문제점들에 대해 분석하고 그 해결 방안과 대안까지 철저하게 준비한다.

　이처럼 사전에 스스로의 문제점들을 철저하게 찾아낸다는 것은 지도자 정신의 특징이다. 만약 당신이 어느 단체의 장長이 되었는데 그 단체에 아무런 문제점이 없다고 생각한다면 그것이 바로 당신의 중대한 문제점임을 알아야 한다.

　그리고 하나의 새로운 문제가 발생하면 발전과 향상이 시작된다는 신호임을 기억하자. 다시 말해, 새로운 문제가 발생하게 되면 그것을

해결하기 위한 창조적 발상이 뒤따르게 되어 발전과 향상을 가져오게
된다는 것이다.

한 중소기업체 사장은 이런 말을 했다.

"우리 회사의 내부에 문제가 많다는 것은 그만큼 우리 회사가 많은
기회를 가지고 있다는 것이다."

이처럼 우리에게 닥친 어떠한 문제점은 우리가 무엇인가를 새롭게
짜고 세우는 데 필요로 하는 추진력이 되기도 한다. 한편 낡은 제도
에 묶여 사고방식이 굳어 버린 사람이나 단체 또는 제도는 이미 커다
란 문제에 직면해 있는 것으로, 개혁해야 할 좋은 대상인 것이다.

그리고 문제점들을 발견했으면 그것을 한꺼번에 해결하려 하지 말
고 몇 개로 나누어 풀어 나가도록 하자. 도움이 필요할 경우, 힘이 되
어줄 수 있는 사람을 찾아 도움을 청하도록 하자. 문제가 복잡한 것
일수록 그에 비례하여 더욱 유능한 사람들을 곁에 둘 수 있는 기회가
더 많아지게 된다는 사실을 기억하자.

"성공은 그 어떤 어려움에 직면해서도 단념하지 않는 것이며, 실패
는 너무 쉽게 단념해 버리는 것이다."

이 말을 문제 해결의 원칙으로 삼도록 하자. 그리고 자신이 바라는
사람이 되기 위해 쉼 없이 정진하도록 하자.

21세기 新 카리스마,
부드러움

•

•

철수와 영수의 어머니는 각자 다른 스타일을 갖고 있다. 철수 어머니는 철수가 말을 듣지 않으면 호통을 친다. 철수는 어머니의 호통이 무서워 결국 어머니의 말을 따른다. 반면에 영수 어머니는 호통을 치는 법이 없다. 영수가 말을 듣지 않으면 왜 말을 듣지 않는 건지 이유를 물어보고 이를 해결하기 위한 방법을 함께 이야기하며 영수를 설득하거나 자신이 의견을 결정해 스스로 행동하도록 돕는다. 여기서 어떤 어머니가 되고 싶은지에 대해 질문을 한다면 거의 모두가 영수 어머니처럼 되고 싶다고 이야기할 것이다.

최근 들어 부드러운 카리스마가 주목을 받는 이유도 여기에 있다고 본다. '카리스마'란 사전적 의미로 '대중을 심복시켜 따르게 하는 능력이나 자질'을 의미한다. 이렇게 한 문장으로 명료하게 설명되어 있지만 카리스마를 갖기란 쉽지 않다. 대부분 철수 어머니처럼 자신의 말을 따르게 하기 위해 강압적인 태도를 보이거나 호통을 치기 때문이다. 그리고 그것이 카리스마라 여기는 경우도 적지 않다.

카리스마란 단순히 자신을 따르게 만든다고 해서 얻어지는 것이 아니다. 진심으로 마음을 얻고 신뢰를 받을 수 있어야 진정한 카리스마를 갖추고 있다고 말할 수 있다. 그것이 누구나 다가가 친근해지고 싶은 이끌림을 주는 분위기라면 금상첨화다.

부드러운 카리스마로 리더십을 발휘하기 위해서는 어떤 노력을 기울여야 할까? 기본적으로 자신의 분야에서 전문성을 갖추고 탄탄한 실력을 인정받을 수 있어야 한다. 인격이 아무리 훌륭해도 전문성을 갖추고 있지 못하다면 그냥 좋은 사람으로 인식될 뿐 리더로서 따르기가 쉽지 않다. 그 바탕에는 자기 자신에 대한 자신감도 필요하다. 스스로에 대한 자부심 없이 다른 사람이 따르게 하는 힘을 발휘하는 것은 결코 오래갈 수 없기 때문이다.

상대에 대한 신뢰도 중요하다. 직장생활 속에서 팀장과 팀원 간의 갈등 요인을 살펴보면 팀원을 신뢰하지 못하는 팀장의 태도도 주요 원인으로 꼽힌다. 상대를 신뢰해야 마음을 얻을 수 있다는 점을 잊지 않는다면 부드러운 카리스마로 차별화된 리더십을 발휘하는 것이 어려운 것만은 아닐 것이다.

신념으로
매혹하라

•

•

　신념에 불타는 사람의 눈빛은 상대를 매료시키는 힘을 가지고 있다. 엘바 섬을 탈출하여 "우리의 조국 프랑스의 영광을 되찾자!"고 호소하는 나폴레옹의 신념에 찬 모습을 보고 그의 옛 부하들은 재도전의 용기를 얻었다. 신념에 찬 나폴레옹의 불꽃같은 눈빛을 보고 승리할 수 있다는 확신을 얻었기 때문이다.

　신념의 특성을 네 가지로 말하자면, 그 **첫째가 '상상력'이다.** 신념이 있는 사람은 자기가 바라는 자신의 미래 모습을 머릿속에 그리며 현재의 역경에 속박당하지 않는다.

　두 번째는 '정진'이다. 신념으로 가득 차 있는 사람은 자기의 목표를 성취하려는 욕망이 아주 강하기 때문에 그 목표를 향해 정진한다.

세 번째는 '믿음'이다. 자신에게 작은 것을 기대하거나 아무것도 기대하지 않는다면 결국 보잘것없는 존재로 남을 수밖에 없다. 자신에 대한 믿음을 확고히 가지도록 하자. 그런 굳센 믿음은 자신의 사고를 더욱더 적극적이고 긍정적으로 강화시켜 성공을 이루게 할 것이다. 그리고 주위 사람들에게도 자신이 틀림없이 성공하리라는 확신을 심어 주자. 그러면 그들은 당신의 불타는 신념의 의지를 믿고 당신을 도우려 할 것이고, 그것은 당신의 믿음을 더욱 강화시키는 하나의 추진력이 될 것이다.

　마지막 네 번째는 '인내와 끈기'이다. 어떠한 경우에라도 자신이 하고자 하는 일을 결코 단념하지 말자. 인내와 끈기는 신념의 소유자들이 갖고 있는 하나의 특징이다. 건설적이고 올바로 인도된 신념과 자신감이야말로 '전지전능한 창조주의 능력'과도 같은 위력을 발휘한다.

실천하지 않는
리더는 없다

•

•

세상 사람들은 누구나 다음의 네 가지 유형 중의 한 가지에 속한다고 한다. 그중에서 나 자신은 어떤 유형에 속하는지 스스로 한번 생각해 보기 바란다.

첫째, 무슨 일을 보면 '안 된다'부터 말하는 사람이다.

그들은 대부분 어떠한 일도 시작해 보지 않은 사람들이다. 그러니 그들이 성공할 수 없는 건 당연한 결과이다. 시작하지도 않은 일에 무엇을 어떻게 성공할 수 있겠는가? 그들은 항상 자신이 시작하지 않은 이유를 변명하는 데에만 급급하다.

둘째, 물에 술 탄 듯 술에 물 탄 듯 그렇게 미지근하고 결단력이 없는 사람이다.

무슨 일을 해도 열정이 없고 그저 남이 하니까 마지못해 따라 하는 식의 사람이다. 이런 사람에게 인생이 무엇이냐고 물으면 "그저 되는 대로 한세상 살다가 때가 되면 죽는 게 인생이다"라고 대답한다. 이런 유형의 사람들은 삶에 대한 열정이 없고 인생에 대한 뚜렷한 가치관도 없어서 감정의 기복이 심하고 변덕스럽기가 이를 데 없다.

셋째, 매사에 큰소리만 쳐대고 실속은 하나도 못 차리는 허풍쟁이이다.

이런 사람들은 말만 화려하게 앞세울 뿐 행동으로 옮기지 못하는 게 특징이다.

넷째, 끊임없이 도전하고 실천하는 사람이다.

이런 유형의 사람들은 대부분 보통 사람들에 비해 생각과 말과 행동이 크다. 그들은 일단 자신의 생각이 옳다고 판단되면 다수의 의견에 따르지 않고 과감하게 행동으로 밀어붙인다. 그들은 어떠한 난관에도 굴하지 않고 자신이 계획한 대로 밀고 나간다.

신념보다 중요한 것은 바로 실천의 결행이다. 대부분의 사람들이 꿈을 지니고 있지만 그것을 행동으로 옮기는 사람은 그리 많지 않다. 망설임과 지연은 우리의 가장 큰 적이라는 것을 알아야 한다. 좋은 기회가 찾아왔는데도 자꾸 시간을 질질 끌며 망설이는 것은 많은 시간과 기회를 놓쳐 버리는 것이 된다.

괴테는 이렇게 말했다.

"오늘을 헛되게 보내면 또 다음 날도 그렇게 보내게 될 것이다. 결단을 내리지 못하면 생각은 뒤로 밀려가고, 하루하루가 그렇게 지나고 보면 후회만이 남을 것이다. 실천의 결행에는 놀라울 만큼의 용기가 포함되어 있다. '어떤 일이라도 나는 해낼 수 있다'는 자신감을 갖고 시작하라. 일단 무슨 일이든 시작하고 나면 당신은 거기에 마음이 쏠리고 매달리게 될 것이다. 그리고 그 일은 결국 끝나게 될 것이다."

자신감과 신념이 없어서 자신이 생각한 바를 실천으로 옮기지 못한다면 바로 자신이 생각했던 그 일을 다른 사람이 실천으로 옮겨 이루어 낸 결과를 보고 놀라게 될 것이다. 아마 당신은, '왜 나는 생각으로만 그치고 말았을까?' 하며 가슴을 치며 후회하겠지만 그때는 이미 늦다.

인생이라는 자전거를 계속 타고 싶다면 쉬지 말고 페달을 돌려야 한다. 페달을 멈추는 순간, 인생이라는 자전거는 넘어지게 되어 있다.

행동은 배움의 증거이다. 이미 배워 알고 있으면서도 그것을 실천하지 않는다면 차라리 배우지 않음만 못하고, 책을 읽을 줄 알면서도 읽지 않는 사람은 그것을 읽을 수 없는 사람보다 나을 것이 없다. 성공하지 못하는 사람들의 특성 중 하나는, 잘 알고 있으면서도 행동으로 옮기지 않고, 생각하고 있으면서도 전혀 몸을 움직이려 하지 않는다는 것이다.

채용도
마케팅이다

•
•

취업을 하는 것도 쉬운 일이 아니지만 적재적소에 인재를 찾아 채용하는 일도 결코 쉬운 일이 아니다. 최근에는 경쟁력 있는 인재를 채용하기 위해 프레젠테이션 면접을 실시하거나 블라인드 면접, 술자리 면접, 합숙 평가 등 다양한 이색 면접을 진행하는 기업도 늘고 있는 추세다.

그런데 근래 들어 채용을 다른 시각으로 보고 마케팅을 펼치는 기업들이 있어 눈길을 끈다. 입사지원자들에게 기업에 대한 좋은 이미지를 심어주어, 비록 채용이 되지 않더라도 기업에 긍정적인 태도를 갖게 하려는 것이다. 다시 말해, 입사지원자들을 잠재고객으로 생각하는 기업들이 늘어나고 있다.

채용전형을 진행하다 보면 불합격자들에게 신경을 쓰기가 쉽지 않다. 그러다 보니 합격여부를 알려주지 않는 것은 기본이고, 최종 면접을 보고도 합격자를 뽑지 않아 지원자들의 불만을 사기도 한다. 그 밖에 압박면접을 한다 하여 면접자에게 상처 주는 질문을 하거나 면접 과정에서 불성실한 모습을 보여 반감을 얻는 경우도 있다. 실제로 구직자들을 대상으로 설문조사를 실시한 결과 구직자 10명 중 7명은 면접관 때문에 불쾌함을 느낀 적이 있다고 답했고, 지원 기업에 대한 이미지가 나빠졌다는 응답도 30%에 이르렀다.

이러한 분위기 속에서 일부 대기업들은 입사지원자들을 배려하여 주목을 받기도 했다. 한 통신업체는 면접자의 집 근처까지 배웅을 해주는 '애프터서비스'를 펼치기도 했고, 한 제약회사는 면접 대기 시간 동안 오락을 즐기도록 하여 큰 호응을 얻기도 했다. 두 기업 모두 지원자들을 잠재고객으로 생각하고 그에 맞는 서비스를 제공해야 한다는 생각을 갖고 있었던 것이다.

위의 사례들처럼 특별한 배려를 하지 않더라도 채용을 진행하는 과정에서 지원자들에게 기업에 대한 좋은 이미지를 심어주기란 그리 어려운 일이 아니다. 입사지원자들에게 정성스런 마음을 담아 합격여부를 알려주거나 성실한 면접관의 모습만 보여도 지원자는 그 기업을 다시 보게 될 것이다. '채용도 마케팅'이라는 생각으로 입사지원자들을 위한 채용전형 관리에 노력을 기울여 보자.

성공적인
인재채용 전략

•

•

솔루션 개발 전문업체 L사는 신규 서비스와 관련한 웹 디자인 업무를 외주업체에 맡겼다. 담당자를 채용하기 위해 지난 3개월간 채용 전형을 진행했지만 적임자를 찾지 못했기 때문이다. 이렇게 계속 시간을 끌게 되면 전체 일정에도 차질이 생길 수 있다는 판단에 따라 외주를 통해 진행하기로 한 것이다.

무역업체 H사는 기획본부장이 입사 2개월 만에 퇴사를 하여 곤혹을 치렀다. 공석인 기획본부장 자리를 급하게 충원한 것이 문제였다. 새로 입사한 본부장은 일의 성격이 이런 건 줄 몰랐다며 난색을 표명했고, 게다가 본부 내 직원들과도 제대로 어울리지 못해 직원들 사이에서 불만의 목소리가 나오기 시작했다. 결국 기획본부장은 자신이 맡기엔 이 자리가 벅찬 것 같다며 퇴사를 했고, 회사는 기획본부의 분위기를 안정시킴과 동시에 다시 채용전형을 진행하느라 진땀을 빼야 했다.

'인재가 곧 기업의 경쟁력'이라는 말이 나올 만큼 조직을 함께 이끌어 갈 사람을 채용한다는 것은 매우 중요한 일이다. 그렇다면 앞의 사례처럼 인재 채용에 있어 어려움을 겪지 않으려면 어떻게 해야 할까?

H사처럼 채용 자체에 급급하다 보면 오히려 역효과를 초래할 수 있다. 채용을 할 때는 맡길 업무가 정확히 무엇인지, 그리고 그 업무에 필요한 자질과 역량이 무엇인지를 정확히 파악해 놓아야 한다. 이러한 과정 없이 관련 분야를 전공했으니까, 또는 그 분야에서 근무한 경력이 있으니까 이 일도 잘할 것이라는 막연한 짐작으로 직원을 채용하게 되면 시행착오를 겪을 수밖에 없다. 또한 채용하려는 인재가 기업의 분위기나 문화와 잘 맞는 사람인가를 따져 보는 것도 필요하다. 입사 후 일을 잘하는 것도 중요하지만 조직과 잘 조화를 이루지 못할 경우 기존 직원들과 갈등을 일으킬 수 있기 때문이다.

또한 입사지원자들 역시 기업을 평가하고 있다는 점도 잊어서는 안 된다. 꼭 입사하고 싶은 기업이라는 이미지를 심어 줄 수 있도록 기업의 강점과 장점을 구체적으로 제시할 수 있어야 한다.

최고 전문가,
밖에서 찾지 말고 안에서 키우자

•
•

'파랑새' 이야기를 모르는 사람은 없을 것이다.

치르치르와 미치르 두 남매는 '행복의 파랑새'를 찾아 멀리 여행을 떠난다. 여러 곳을 돌아다니며 아무리 찾아봐도 행복의 파랑새는 보이지 않았다. 그런데 집에 돌아와 보니 집 문에 매달린 새장 안에 행복의 파랑새가 있었다. 행복은 저 멀리 있는 것이 아니라 우리 주위에 있다는 이야기이다.

사업을 하는 경영자는 늘 외부 변화에 관심을 갖고 다양한 정보를 얻기 위해 노력한다. 치열한 생존경쟁에서 성공을 거두느냐 그렇지 못하느냐는 중요한 정보를 얼마나 잘 얻어내느냐 그렇지 못하느냐에 달렸다고 해도 과언이 아니다. 상황이 이렇다 보니 우리 에듀윌에서는 외부 전문가들과 만나 정보를 얻거나 자문을 구하는 일도 많다. 그런데 어느 날 내부 담당자와 이야기를 나누다 보니 외부 전문가들에게서는 쉽게 얻을 수 없는 세세한 정보까지 이야기를 나눌 수 있었고 내부 직원이기에 이에 대한 대응책을 논의할 수 있어 시너지 효과가 더 크다는 생각을 하게 되었다. '행복의 파랑새'처럼 진짜 전문가는 외부에 있는 것이 아니라 바로 내부에 있음을 깨닫게 된 것이다. 이후 1주일에 한 번씩은 각 팀의 팀장들과 함께 경쟁사 동향에 대한 이야기를 나누며 향후 사업에 대한 방향을 논의하고 있다.

IT기업 A사는 대외 마케팅 및 홍보를 강화해야겠다는 생각에 새로 마케팅팀을 신설하고 유명기업에서 마케팅 팀장을 스카우트해 왔다. 그런데 다들 3~4개월이 지나지 않아 업무가 맞지 않는다며, 혹은 자신의 능력 밖의 일이라는 생각이 든다며 퇴사를 했다. 마케팅 팀장이 3~4개월 단위로 계속 바뀌니 팀이 제대로 운영될 수도 없었다. 결국 A사는 외부 영입을 그만두고 내부에서 평소 마케팅과 홍보 업무에 관심을 갖고 있던 직원을 선발해 마케팅 팀장을 맡도록 했다. 사업 영역과 사내 업무를 잘 아는 사람이 마케팅 팀장으로 오니 팀은 조금씩 안정을 되찾았고, 1년 후에는 기업에 상당한 영향을 줄 만큼 강한 팀이 되었다.

늘 숨 쉬며 마시는 공기와 물의 소중함을 잘 느끼지 못하는 것처럼 내부의 전문가를 제대로 알아보지 못하고 그냥 지나쳐 버리는 기업이 많다. 이제라도 내부 전문가의 중요성을 알고 인재를 육성할 줄 아는 경영자가 되어 보자.

내부의 고객,
직원 만족에 힘쓰자!

．
．

상당수 기업들이 고객만족도를 높이기 위해 노력하고 있다. 고객만족도가 높을수록 고객유지율도 높아지고, 고객유지율 증가는 우량고객의 비율증가로 이어져 기업의 성장을 이끈다. 고객만족을 높이기 위한 고객만족 서비스도 다양하게 진행되고 있다. 고객 체험단을 통해 상품이나 서비스에 대한 불편사항이나 개선사항을 직접적으로 반영하는가 하면, 365일 고객센터를 운영해 고객의 문의사항을 바로 해결하는 데 중점을 두기도 한다.

이처럼 기업이 제대로 성장해 나가기 위해서는 외부 고객관리에도 힘써야 하지만, 내부의 고객 즉 직원만족에도 많은 노력을 기울여야 한다. 직원의 만족도가 곧 기업의 경쟁력이 되기 때문이다.

S은행은 직원만족센터를 설립해 직원상담, 스트레스 관리 등을 제공하고 있다고 한다. 또 외식 프랜차이즈 전문점 B사는 직원들을 위한 복합문화공간을 오픈해 운영하고 있다. 이들 사례들처럼 많은 예산을 들여 적극적으로 직원만족도를 높일 수 있다면 좋겠지만, 직원만족도를 높이기 위해 꼭 많은 예산을 들일 필요는 없다. 소통만 잘해도 혹은 조금만 시간을 투자해도 충분히 만족할 만한 효과를 얻을 수 있다.

C기업은 매일 아침 CEO가 팀 별로 돌아가며 약 30분간 함께 아침으로 샌드위치를 먹으며 담소를 나누는 시간을 갖는다. 이 시간에는 팀 내 문제나 서로의 관심사를 이야기하며 CEO와 직원들 간의 정서적 친밀도를 높여 나간다.

또 가족에 대한 배려로 직원만족도를 높이는 곳도 있다. D기업은 직원의 생일 때 직원의 부모님이나 배우자에게 상품권과 꽃다발을 배달해 준다. 선물과 꽃다발을 받고 기뻐하는 가족의 모습을 보며 직원들의 기업에 대한 이미지도 매우 긍정적으로 바뀌었다고 한다.

에이온휴잇 연구 결과에 따르면 직원만족도 정도는 직원들의 성과몰입으로 이어지며, 이것은 매출에서 7.4배, 수익에서 4배의 경영 성과 차이를 보인다고 분석했다. 직장을 '돈 버는 일터'가 아니라 '삶의 즐거운 터전'으로 만들기 위한 노력은 작은 관심과 배려면 충분하다.

잡은 고기에게는
먹이를 주지 않는다?

흔히 남녀가 연애할 때 "잡은 고기는 먹이를 주지 않는다더니 나에 대한 관심이 예전 같지 않아" 하며 서운한 마음을 표현할 때가 있다. 생각해 보면 처음에는 상대의 마음을 얻기 위해 이런저런 노력을 기울이지만 연애기간이 길어지면 처음처럼 상대에게 애정을 표현하기가 쉽지 않다. 그렇게까지 노력하지 않아도 내 마음을 잘 알고 있을 것이라는 안도감도 한몫할 것이다.

그렇다면 정말 잡은 고기에게는 먹이를 주지 않아도 되는 것일까? 만일 잡은 고기라 해서 먹이를 주지 않으면 그 고기는 먹잇감을 찾아 다른 곳으로 떠날 것이다. 남녀 간의 연애로 예를 들자면, 한쪽이 '이제는 서로 사랑하는 사이니까 특별한 관심을 기울이지 않아도 된다'

고 생각하게 될 때 둘 사이에 틈이 벌어질 수밖에 없게 되고, 결국 이별이라는 수순을 밟게 될 것이다.

그런데 주위를 살펴보면 남녀 간의 연애 상황이 아니더라도 '잡은 고기에게는 먹이를 주지 않는다'는 생각으로 안일하게 대처하다 낭패를 보는 경우가 많다.

실내 인테리어 사업을 하고 있는 A기업은 C기업과 계약을 맺고 C기업이 사무실을 증축하거나 이전할 때마다 인테리어 공사를 진행했다. C기업은 인테리어 공사를 할 때 늘 A기업에 맡겨 왔는데 시간이 지날수록 만족도가 떨어지기 시작했다. 처음에는 세심하고 꼼꼼하게 일처리를 잘한다고 생각하여 독점적으로 일을 맡겼는데 인테리어의 컨셉도 변화가 없고, 공사 후의 유지보수 문제도 나중에 한 공사일수록 더 많았기 때문이다. 그러다 보니 C기업은 결국 A기업과 더 이상 계약을 하지 않게 되었다. C기업을 최상위 고객으로 생각하고 꾸준히 관리했더라면 A기업이 중요 고객사를 잃는 실수는 하지 않았을 것이다.

일부 기업에서 신규 고객 유치를 위한 마케팅에는 적극적으로 나서지만 기존 고객을 위한 서비스나 마케팅에는 소극적인 태도를 보여 빈축을 사는 경우가 있다. 이 역시 '잡은 고기는 먹이를 주지 않는다'는 의식이 자리 잡고 있기 때문이다. 잡은 고기는 물을 잘 갈아 주고 먹이도 잘 주어야 건강하게 살 수 있다. 좋은 관계를 만들어 놓았다고 해서, 또는 고객을 확보했다고 해서 그것으로 만족해서는 안 된다. 한 번 고객을 영원한 고객으로 만들기 위해서는 처음처럼 변함없이 노력하는 자세가 필요하다.

건전한 경쟁이
성장을 이끈다

•
•

경쟁을 즐기며 살아가는 사람은 거의 없다. 앞만 보며 달려가기 바쁜 세상에서 남과의 경쟁에까지 신경을 써야 한다는 것은 무척 고달픈 일이기 때문이다. 하지만 현대사회는 경쟁의 장이다. 지금보다 더 높은 곳으로 올라서기 위해서는 경쟁이라는 디딤돌이 있어야만 가능하다. 그렇기에 한 기업의 CEO라면 경쟁이 가져다주는 긍정적 효과를 명확히 인식하고 사업에 적절히 적용할 줄 알아야 한다.

구글의 에릭 슈미트 회장은 일전에 구글이 운영하는 SNS '구글플러스'의 계정에 "이기는 것이 전부는 아니지만 이기기를 원하는 것은 중요하다"는 한국어 표어가 담긴 액자 사진을 게시하며 "한국인들은 인상적일 만큼 생산성이 높다"고 평가한 적이 있다. 그만큼 한국 사회는 그 어느 지역보다 치열한 경쟁을 통해 성장을 거듭해 왔고 이는 전 세계 경영인들에게 깊은 인상을 남겼다. 다만 경쟁이 가져오는 폐해는 줄이고 긍정적 효과를 부각시키는 것에 초점을 맞춰야 한다. 과열된 경쟁 속에서 스스로 목숨을 끊는 학생, 회사원의 사례가 여전하기 때문이다.

건전한 경쟁의 효용을 극대화하기 위해서는 그 의미를 명확히 파악해야 한다. 우선 경쟁이란 인생 여정의 동반자임을 깨달아야 한다. 두렵거나 부정적인 것이 아닌, 늘 함께해야 하는 친구나 가족이라는 마음가짐을 갖추는 것이 중요하다.

이를 위해 CEO는 경쟁에서 패배하더라도 당사자가 낙담하거나 좌절하지 않도록 경제적 이익이나 일반적 대우 측면에서 피해가 가지 않을 것임을 약속해야 한다. 승자를 위한 축하(인센티브)도 중요하지만 결국 패자 역시 회사의 소중한 구성원임을 자각시켜 다시 한 번 도전할 수 있다는 용기를 심어주는 것이 중요하다. 또한 경쟁에서 낙오했다면 그 원인은 무엇이며 어떤 측면에서 보강을 해야 하는가를 다양한 교육을 통해 기업 차원에서 적극적으로 인식시켜야 한다.

수많은 대기업들이 직원 교육에 천문학적인 비용을 투자하는 것은 어쩌면 당연한 일인지 모른다. 교육의 부재는 곧 업무능력의 질적 저하를 부르고 이는 곧 회사의 운명과 직결되기 때문이다. 하나의 낙오자 없이 업무의 질을 높이는 계기를 직원들에게 공평하게 부여한다면 이보다 더 큰 경쟁력은 없을 것이다.

이렇듯 승자와 패자를 모두 품 안에 아우르는 과정을 통해 건전한 경쟁을 사내 문화에 정착시키는 것이 진정한 성장을 이끄는 CEO의 태도임을 잊지 말아야 한다.

직원들을 위한 동기부여,
어떻게 해야 할까?

•
•

    영어공부를 싫어하는 아이를 보며 엄마는 '어떻게 영어에 흥미를 갖고 공부하게 만들 수 있을까?'라는 생각을 하다 아이가 자동차를 좋아한다는 사실을 떠올렸다. 그리고 아이에게 멋진 자동차 이야기가 담긴 영어 그림책을 선물했다. 영어라면 고개부터 돌리던 아이였지만 자기가 좋아하는 자동차 그림을 보자 흥미를 보이기 시작했고, 엄마에게 "엄마, 이 책이 무슨 내용이에요?" 하고 물어보았다. 엄마는 "이 책이 어떤 내용인지 함께 공부해 보며 알아볼까? 엄마와 함께 공부하고 이 책을 엄마에게 읽어준다면 상으로 네가 전에 보고 싶다고 말한 영화를 보여줄게"라고 답했다. 아이는 책을 읽기 위해 엄마와 함께 열심히 영어공부를 했고, 어렵지 않게 영어 그림책을 읽을 수 있었다. 또한 그 일을 계기로 영어에 대한 흥미와 자신감을 갖게 되었다.

아이는 어떻게 영어에 흥미를 가지고 공부를 하게 되었을까. 바로 아이가 좋아하는 자동차로 관심을 유도하고, 조금만 노력하면 영어책 한 권 정도는 읽어낼 수 있다는 성취감과 자신감을 심어준 엄마의 노력 덕분이다. 기업도 마찬가지다. 직원들에게 효과적인 동기부여를 해준다면 직원들 인식에 좋은 기업으로 자리 잡는 것은 물론 업무 향상으로 매출 증대도 기대할 수 있어 일석이조의 효과를 거둘 수 있다.

동기부여는 내적 동기부여와 외적 동기부여가 있으며, 직원들에게 동기부여를 할 수 있는 방식은 다양하게 찾아볼 수 있다. 먼저 내적 동기부여의 경우 직원들에게 자신이 하고 있는 일이 얼마나 중요하고 가치 있는 일인가를 깨닫게 해주는 것이다. 일례로 펜실베이니아 대학의 애덤 그랜트 교수팀은 대학 콜센터 직원들을 3개 그룹으로 나누어 심리 실험을 진행했다고 한다. 첫 번째 그룹에게는 콜센터에서 근무했던 예전 직원들의 글을 읽게 했는데 콜센터에서 익힌 커뮤니케이션 스킬이 경력 관리에 큰 도움이 되었다는 내용이었으며 두 번째 그룹은 콜센터에서 모은 장학금을 받은 학생들의 글로 장학금이 얼마나 큰 도움이 되었는지에 대한 내용이었다. 이어 세 번째 그룹은 어떤 내용도 읽어주지 않고 업무를 시작하게 했는데 결과는 어떠했을까?

첫 번째 그룹과 세 번째 그룹은 성과가 큰 차이가 없었지만 두 번째 그룹은 무려 2배의 성과를 냈다고 한다. 자신의 일이 얼마나 큰 가치가 있으며, 누군가에게 도움이 된다는 사실을 알게 되면서 동기부여 수준이 높아졌기 때문이다.

외적 동기부여는 인센티브를 지급하는 것으로 한 중소제약사는 직원들에게 '성장인센티브'를 지급함으로써 괄목할 만한 매출성장을 이뤄냈다고 한다. 이와 같은 방식은 직원들에게 '내가 노력한 만큼 나에게 돌아온다'라는 생각을 심어주어 성과를 이끌어 내는 효과가 있다.

대부분의 기업이 시행하고 있는 우수 사원이나 우수 팀 시상도 같은 맥락에서 시행되는 것이라고 볼 수 있다. 포상할 때는 이유를 명확히 밝혀 선정 과정에 투명성을 높이고 포상 수준을 잘 조율하여 의례적이라든가 또는 위화감을 조성한다는 말이 나오지 않도록 하는 것이 중요하다. 그 밖에도 직원 스스로가 자기계발을 할 수 있도록 지원하거나 직원들의 근무 사기를 높이기 위한 행사를 갖는 일, 멘토링 제도 운영을 통해 직장 내에서 원만한 인간관계를 가질 수 있도록 지원하는 일 등도 모두 직원들의 동기부여를 위한 방안이 될 수 있다.

좋은 기업문화를
만드는 방법

•
•

    사람마다 자신만의 개성을 갖고 있는 것처럼 기업도 그 기업만의 문화가 존재한다. 기업문화란 '기업 등의 조직구성원의 활동 지침이 되는 행동규범을 창출하는 공유된 가치, 신념의 체계'를 의미한다. 기업문화는 직원들에게 정체감을 주며, 행위규범을 제시하고 형성하는 한편, 기업 전체의 이익을 먼저 생각할 수 있도록 해주는 기능을 갖고 있다.

    기업문화는 기업을 운영하다 보면 자연스럽게 형성된다고 생각해 등한시하는 경우가 많지만 근래에 들어 기업문화가 직원들의 애사심을 높이고, 기업의 성장에도 적지 않은 영향을 준다는 인식이 확산되면서 좋은 기업문화를 만들기 위해 사내 제도를 신설하거나 각종 행사를 개최하는 기업들을 쉽게 찾아볼 수 있다.

일례로 K은행은 창의적인 기업문화 확산을 위해 '3SSimple·Soft· Speedy 운동'을 실시했다. 3S 운동은 업무의 핵심을 파악함으로써 간결하게 해결하자는 'Simple'과 고객의 입장에서 매끄럽게 일을 처리하자는 'Soft' 그리고 내실을 기해 신속하게 처리하자는 'Speedy' 등의 내용을 담고 있다. 그런가 하면 S기업은 사내 분위기를 좋게 만들기 위해 '사무실 올림픽' 행사를 개최하기도 한다.

앞서 본 K은행의 사례처럼 많은 기업들이 좋은 기업문화를 만들기 위해 다양한 노력을 기울이지만 이를 정착시켜 그 기업만의 고유한 문화로 만들기 위해서는 꾸준한 관리와 노력이 필요하다.

IT기업 C사는 창의적인 기업문화를 만들겠다며 부서별로 매주 1회 아이디어 회의를 진행하고 회의 내용을 사내 그룹웨어에 공지하라고 지시했다. 부서별 아이디어 회의 제도는 처음 한 달간은 잘 진행되는 것처럼 보였다. 딱딱한 회의에서 벗어나 다양한 의견들을 나누면서 기업에 도움이 될 만한 아이디어가 쏟아졌기 때문이다. 그런데 시간이 지나면서 부서별 아이디어 회의 제도의 열기가 차츰 식어가더니 1년이 지난 후에는 형식적인 제도로 바뀌어 아예 회의 자체를 진행하지 않는 부서가 더 많아졌다.

정기적으로 부서별 아이디어 회의를 하자는 의견은 좋았지만 취합된 아이디어를 어떻게 처리할지에 대한 방침이 구체적이지 않아 단순한 제안에 그쳤기 때문이다.

좋은 기업문화를 만들고 싶다면 먼저 현재 추구하고 있는 기업의 철학과 가치 그리고 비전이 무엇인가를 정립해야 할 필요가 있다. 그리고 좋은 기업문화를 만들기 위해 시행하기로 결정한 제도나 행사들이 있다면 그것을 어떻게 관리해 나가고 발전시켜 나갈 것인가에 대한 방안까지 구체적으로 마련해 놓아야 한다. 좋은 기업문화를 만들고 싶다면 이러한 부분들을 잘 반영한 실행방안들을 수립하도록 하자.

진정한 성공을
부르는 DNA

•
•

　많은 이들이 에듀윌의 성공 비결을 묻곤 한다. 하지만 사실 성공이란 개념 자체가 모호하다고 생각한다. 잘나가던 기업이 하루아침에 문을 닫기도 하고, 곧 쓰러질 것만 같았던 회사가 어느새 일류기업이 되기도 한다. 하루가 다르게 급변하는 현대사회에서 기업의 성공을 정의하기란 여간 어려운 일이 아닌 것이다. 수치상으로는 업계 최고의 기업으로 대접을 받지만 내실을 들여다보면 곪을 대로 곪은 회사들도 많다. 그렇다면 성공이란 무엇일까? 어떻게 해야만 성공이란 단어를 직원들 가슴에 당당히 심어줄 수 있을까?

　성공이란 누군가 정의해주는 것이 아니다. 기록적인 매출액이나 다수의 수상 경력, 해외 진출 등이 통념적인 성공의 잣대가 될 수는 있다. 하지만 직원들이 행복하지 않은 성공은 아무 의미가 없다. 한 명이라도 더 많은 직원들이 일을 하며 행복감을 느끼고 되도록 오래 근무를 할 수 있다면 그 회사가 바로 성공한 회사이다. 그런 의미에서 직원들의 행복을 위해 나름대로 에듀윌이 신경을 쏟는 한 가지가 있다. 바로 '복지'다.

고객들에게 좋은 서비스를 제공하려면 비용과 시간을 투자해야 한다. 하루하루를 보면 손해이지만 높은 품질의 서비스를 제공하면 결국 고객들은 감동한다. 고객들이 소개해서 신규 등록하는 사람도 늘어난다. 고객이 스스로 영업사원이 되기에 장기적으로는 결국 이득이다.

직원과의 관계도 같은 이치다. 사내 복지를 강화하면 직원들도 자부심을 갖고 열정적으로 일한다. 손으로 일하는 것과 머리로 일하는 것, 가슴으로 일하는 것은 큰 차이를 가져온다. 직원이 행복하면 두 배, 세 배의 업무 효율이 발생하고 이는 바로 매출과 직결된다. 직원들이 모두 행복한 회사를 만들기 위해 매일매일 매진해야 하는 것, 그것이 바로 CEO의 능력이며, 회사를 진정한 성공으로 이끄는 힘이다.

국내 최고의 종합교육기업
'에듀윌'을 이끄는
'양형남 CEO'의 힘!

'에듀윌Eduwill'. 대한민국에서 왕성히 사회생활을 해 나가는 사람이라면 한 번쯤은 그 이름을 들어봤을 것이다. 자신의 꿈을 이루기 위해 스스로 찾아내든, 무심코 바라본 광고판에서 스치는 눈길로 보았든 에듀윌은 수많은 이들의 삶에 스며들어 있다. 국내 최고의 종합교육기업이기에 이는 어쩌면 당연한 일인지 모른다.

에듀윌의 성장세는 무섭다. 1992년 국가고시 연구원을 설립, 교육서비스 사업을 시작으로 세상에 모습을 드러낸 이래 승승장구하며 교육업계를 선도해 오고 있다. 한 분야의 전위前衛가 되기란, 그 치열한 자리를 흔들림 없이 고수하기란 보통의 노력과 열정으로는 불가능한 일이다. 끊임없는 자기혁신과 진화를 거듭하며 새로운 시장을 개척·형성하고 그 공로를 인정받아 업계 유일의 '대통령상'을 비롯

하여 국가에서 수여하는 상을 수차례 석권했다는 사실만으로도 에듀월이 얼마나 대단한 기업인지는 잘 알 수 있다. 그리고 그 중심에 '양형남 대표'가 있다.

리더의 역할이 얼마나 중요한지는 언제 어디서든 깨달을 수 있다. 가정에서 부모가 자신의 역할을 다하지 못하면 아이들이 삐뚤어지는 것처럼, 학교에서 선생님이 잘하지 못하면 학생들의 학업성취도가 떨어지는 것처럼, 사장의 잘못된 한 번의 선택이 회사를 기울어지게 하는 것처럼 리더의 부족한 능력이 얼마나 치명적인 결과를 낳는지는 수없이 봐 왔다.

그래서 에듀월의 행보는 주목할 만하다. 성장세는 차치하더라도 회사가 추구하는 사업의 방향성이 건전하고 신선하기 때문이다. 회사의 성장과 수익에만 신경 쓰는 것이 아니라 사회공헌활동, 문화경영 사업 등도 왕성히 펼쳐 나가며 고객과의 신뢰를 돈독히 하고 있다. "윤리성과 도덕성을 갖춘 기업이 존중되는 사회를 만들겠습니다"라는 야심 찬 슬로건은 이렇게 사회가 혼란한 가운데 보통의 기대를 넘어서 한 줄기 빛과 같은 희망을 보여준다. 그리고 이를 실현 중인 에듀월의 임직원들은 양형남 대표를 중심으로 매일매일 열정의 시간을 보내고 있다. 진정한 리더란 자신의 능력을 십분 발휘하여 이끄는 사람이 아닌, 자신을 따르는 사람들의 잠재력을 최대한 발현시키는 사람을 말한다. 그러한 의미에서 양형남 대표는 지금 우리 사회가 가장 주목해야 할 리더임이 틀림없다.

이러한 까닭에 이 책이 현시점에 세상에 나오게 되어 한 명의 평범한 독자로서 참으로 다행스럽기도 하고 설레기도 한다. 취업이라는 현실과 명확하지 않은 꿈 사이에서 갈피를 못 잡고 우왕좌왕하는 젊은이들은 물론 날로 각박해지는 삶의 무게에 힘겨워하는 중장년층까지 꼭 필독해야 할 깨우침을 담고 있기 때문이다. 그럴듯한 이론에 미사여구를 덧붙인 자기계발서가 아닌, 현실에 대한 명확한 인식과 미래에 대한 구체적인 설계를 돕는 인생 경영서라 부를 만하다. 특히 회사생활을 하는 직장인이라면 이 책을 읽기 전과 읽은 후가 확실히 달라질 것이라고 자신한다.

에듀윌은 회사의 수익과 성장에만 열을 내는 여타 평범한 기업들과는 그 행보의 궤를 달리한다. 2005년부터 저소득층 자녀, 대안학교 학생, 탈북 청소년, 소년원생, 미혼모 등 소외계층을 대상으로 동영상 검정고시 강의와 교재를 무상으로 지원하는 '반딧불이 프로젝트'를 실천하고, 연중 나눔 캠페인을 통해 '사랑의 쌀'을 기증하는 등 사회공헌활동에도 박차를 가하고 있다. 나눔의 손길이 반드시 필요한 곳에 먼저 찾아감으로써 대한민국 사회가 맞닥뜨린 형평과 성장의 문제에 있어 기업이 가져야 할 자세의 모범을 보여주었다. 자신만이 아닌, 타인의 행복에도 큰 관심을 가지는 저자의 마음이 고스란히 경영에 전해진 것이다.

양형남 대표는 "첫 번째 고객은 회사의 직원, 직원이 행복한 회사가 좋은 회사다"라는 마인드로 오늘도 회사에 들어선다. 얼마나 많이 직원들을 아끼는지는 이 책을 읽으면 잘 알 수 있다. 직원 한 명 한 명이 자신의 꿈을 향해 가는 길, 꼭 도움이 될 만한 조언들을 담는다는 심정으로 이 책을 썼기 때문이다. 편집인이 아닌, 이 책의 첫 번째 독자로서 그 말이 거짓이 아님을 확인할 수 있었다. 더 많은 독자들이 『취준생에서 CEO까지!』를 통해, 온갖 시련과 모진 풍파를 견뎌 내고 부디 행복과 성공을 품에 안길 기대한다.

도서출판 행복에너지 편집부